Von der Limmat zurück an die Steinach St.Galler Kulturgüter aus Zürich

CLIMATA SEPTENTRIONALIA
PARALLELI SEPTENTRIONALES

# Von der Limmat zurück an die Steinach St.Galler Kulturgüter aus Zürich

Katalog zur Sonderausstellung in der Stiftsbibliothek St.Gallen
(2. Dezember 2006 – 25. Februar 2007)

Verlag am Klosterhof St.Gallen 2006

Am Katalog beteiligte Autorinnen und Autoren:
Theres Flury (Th. F.)
Karl Schmuki (K. S.)
Ernst Tremp (E. T.)


Gestaltung und Satz: Atelier Hans-Peter Kaeser, St.Gallen
Druck und Ausrüstung: Cavelti AG, Gossau
Bestelladresse: Stiftsbibliothek St.Gallen, Postfach, CH-9004 St.Gallen;
stibi@stibi.ch; www.stiftsbibliothek.ch
ISBN 3-906616-81-9

# Inhalt

# Vorwort

Im Toggenburgerkrieg von 1712, dem letzten Konfessionskrieg in der Alten Eidgenossenschaft, unterlag der Fürstabt von St.Gallen den Orten Zürich und Bern. Die Sieger führten nach ihrem Einmarsch in das Kloster St.Gallen die Bibliothek und weitere Kulturgüter weg und teilten sie untereinander auf. Nach dem Friedensschluss von 1718 gaben sie diese Güter wieder zurück, doch eine Anzahl wertvoller Handschriften verblieb in Zürich. Der deswegen entstandene, einmal stärker, einmal weniger stark schwelende «Kulturgüterstreit» zwischen St.Gallen und Zürich konnte nach fast dreihundert Jahren im Frühling 2006 beigelegt werden. Unter der tatkräftigen Vermittlung des Bundes einigten sich die beiden Parteien auf eine Kompromisslösung:

> Vierzig Handschriften aus der Zentralbibliothek Zürich, die seit dem frühen Mittelalter in der St.Galler Klosterbibliothek entstanden sind oder hier gesammelt wurden und herausragende Zeugnisse der Schreib-, Mal- sowie Buchkunst und Wissenschaft für St.Gallen und den Bodenseeraum darstellen, kehren als Leihgaben auf unbestimmte Zeit zurück. Das Leiheverhältnis kann erstmals nach 38 Jahren, im Jahr 2044, aufgelöst werden. Der Erd- und Himmelsglobus im Schweizerischen Landesmuseum kehrt für die Dauer der Sonderausstellung ebenfalls nach St.Gallen zurück. Später wird die Stiftsbibliothek eine originalgetreue Kopie des Globus bekommen.

Aus Anlass der Rückkehr dieser Kulturgüter zeigt die Stiftsbibliothek in der Sonderausstellung neben dem Globus neunzehn wichtigere Zürcher Handschriften aus Mittelalter und früher Neuzeit. Sie sind nach Themen gegliedert und werden durch Handschriften der Stiftsbibliothek ergänzt. Dadurch soll sich ein Bild der Gesamtheit ergeben und der Hintergrund des Streites – die Jahrhunderte langen Lücken in der Sammlung der Stiftsbibliothek – anschaulich gemacht werden.

Die Stiftsbibliothek und der Katholische Konfessionsteil des Kantons St.Gallen, dem die Bibliothek gehört, danken zuallererst dem Kanton St.Gallen für seine grosszügige und entscheidende Unterstützung in den vergangenen Jahren, ohne die die nun erreichte Lösung im «Kulturgüterstreit» undenkbar gewesen wäre. Ein grosser Dank gebührt auch der Eidgenossenschaft. Durch die Vermittlung des Bundes unter der Leitung von Bundesrat Pascal Couchepin und seinem Generalsekretär Pascal Strupler konnten die Gegensätze in beharrlichem Verhandeln überwunden und ein guter, freundeidgenössischer Kompromiss gefunden werden. Nach der Unterzeichnung der Vereinbarung am 27. April 2006 in Bern übergab der Kanton Zürich als grosszügige Geste St.Gallen zu Eigentum die «Vita vetustissima sancti Galli», jenes älteste, ehrwürdige Zeugnis für das Leben des heiligen Gallus. Für diese symbolträchtige und friedenstiftende Schenkung sei dem Kanton Zürich sehr gedankt. Die Stadt Zürich und der Stiftungsrat der Stiftung Zentralbibliothek Zürich haben sich bei der Suche nach einem Kompromiss sehr eingesetzt und die gefundene Lösung entschieden mitgetragen, wofür ihnen unser Dank gebührt. Danken möchten wir auch der Zentralbibliothek Zürich und dem Schweizerischen Landesmuseum in Zürich, die zu einem reibungslosen, kollegialen Vollzug der Vereinbarung Hand geboten haben. Der Antiquarischen Gesellschaft in Zürich verdankt die Stiftsbibliothek St.Gallen schliesslich die grosszügige Ausleihe (für die Dauer der Ausstellung) eines im Eigentum der Antiquarischen Gesellschaft befindlichen Einzelblatts mit dem Porträt des St.Galler Mönchs Notker Balbulus.

# Historische Einführung

*St.Gallen und Zürich legen unter Vermittlung der Schweizerischen Eidgenossenschaft nach 294 Jahren den so genannten Kulturgüterstreit bei.*

In den Jahren vor 1712 entwickelte sich im Toggenburg, wo seit dem 15. Jahrhundert der Abt von St.Gallen Landesherr war und seit der Reformationszeit Katholiken und Evangelische auf engem Raum zusammenlebten, ein Konflikt zwischen dem energischen St.Galler Abt Leodegar Bürgisser (1696–1717) und den Toggenburgern, vor allem jenen reformierter Konfession. Der Fürstabt suchte seine Souveränitätsrechte im absolutistischen Sinne durchzusetzen und den Katholizismus im Geist der Tridentinischen Reform zu stärken. Der Streit eskalierte, als der Abt zusammen mit den fünf Inneren Orten der Eidgenossenschaft eine neue Strasse über den Rickenpass bauen wollte. Die Einwohner von Wattwil weigerten sich, ihren Anteil an der Strasse zu bauen, andere Dorfschaften schlossen sich an, und die Toggenburger erklärten sich 1707 zur selbständigen Landsgemeinde-Demokratie und wiesen den äbtischen Vogt aus. Im Einverständnis mit Zürich und Bern, den beiden reformierten Schirmorten, besetzten sie im Frühjahr 1712 drei äbtische Schlösser und die beiden Klöster Magdenau und Neu St.Johann. Der Abt rüstete seine kleine «Armee» auf, und Zürich stellte sich, unterstützt durch Bern, auf die Seite der «Aufständischen».

Zürcher und Berner Truppen rückten im Mai 1712 ins fürstäbtische Gebiet vor, belagerten und eroberten nach wenigen Tagen das äbtische Städtchen Wil und rückten in Richtung St.Gallen vor. Aus Furcht vor der Übermacht der Zürcher und Berner Truppen flohen Abt und Konvent von St.Gallen ins benachbarte Ausland; die äbtischen Truppen kapitulierten, bevor es zu grösseren Kampfhandlungen kam.

Die Zürcher und Berner Truppen rückten kampflos nach St.Gallen vor und besetzten das Kloster. Dort nahmen sie alles in Besitz, was nicht mehr hatte fortgeschafft werden können: Vieh, Kornvorräte, grosse Mengen an Wein, Hausrat, Glocken, die Apotheke, Feuerspritzen, die Urkunden und Verwaltungsakten aus dem Archiv und nach längerem Suchen auch die versteckten Handschriften und gedruckten Bücher aus der Bibliothek.

Die Bücher wurden, wie auch zahlreiche Gegenstände aus dem Kuriositätenkabinett, darunter der grosse Erd- und Himmelsglobus von Abt Bernhard Müller (1594–1630) und zahlreiche Gemälde, je hälftig auf die beiden siegreichen Stände aufgeteilt und auf Fuhrwerken nach Bern beziehungsweise Zürich transportiert. Bibliothekare der beiden Stände sichteten die Bestände und fügten die Bücher in ihre eigenen Sammlungen ein.

Erst nach dem Tod des streitbaren Abtes Leodegar Bürgisser war der Weg frei für einen Friedensschluss. Im Frieden von Baden vom 15. Juni 1718 wurde von Zürich und Bern sowie dem neuen Abt Joseph von Rudolphi (1717–1740) ein 84 Punkte umfassender Friedensvertrag unterzeichnet, der vorsah, dass das Toggenburg wieder unter die fürstäbtische Herrschaft zurückkehren sollte. Dessen Einwohnern wurden jedoch wichtige Autonomierechte zugestanden, und die Gleichberechtigung der beiden Konfessionen sollte gewährleistet sein. Die Rückführung der Bücherschätze aus Bern und Zürich nach St.Gallen war explizit nicht vorgesehen, allerdings sicherte der Vertrag dem Abt volle Restitution in seine Rechte zu. Die Modalitäten sollten nach Unterzeichnung des Friedensvertrags ausgehandelt werden.

Die Rückkehr der Bücher war für den Abt sehr wichtig, und so sandte er noch im Jahre 1718 seinen Gesandten Joseph Anton Ledergerber nach Bern und Zürich, um in beiden Städten darüber Gespräche zu führen. Bern handelte rasch und erstattete seinen Anteil an der St.Galler Klosterbibliothek bis Frühling 1719 zurück: 5'639 Bände kehrten in Bücherfässern in die Ostschweiz zurück. Zürich liess sich mit der Restitution länger Zeit, aber schliesslich beschloss der Rat am 5. Februar 1720, seinen 1712 in Besitz genommenen Teil der St.Galler Bibliothek zurückzuerstatten, und beauftragte die Bibliothekare mit dem Vollzug dieses Beschlusses. Diese setzten – aus welchen Gründen auch immer – den Ratsbeschluss jedoch nicht vollständig um und sandten lediglich 4440 Bände an Abt Joseph von Rudolphi zurück. Eine schwer zu eruierende Zahl von rund 100 Handschriften (der St.Galler Bibliothekar Pius Kolb sprach um 1760 von 119 Manuskripten) und einigen hundert gedruckten Werken blieb in der Bürgerbibliothek Zürich. Drei Tage nach dem Erhalt der Bücher bedankte sich Abt Joseph mit einem Brief an die Adresse des Zürcher Rates für die Übersendung; eine genaue und detaillierte Überprüfung der Bücher war in dieser kurzen Zeit nicht möglich.

Ganz allmählich entdeckte man im Kloster St.Gallen die Lücken in den Bücherbeständen. Der grosse Globus wurde in der Kunstkammer der Zürcher Stadtbibliothek in der Wasserkirche öffentlich präsentiert. Mehrmals erkundigten sich St.Galler Äbte und Bibliothekare im 18. Jahrhundert in Zürich nach Manuskripten, die seit 1712/20 in der Bibliothek fehlten, erhielten jedoch keine genaue Antwort.

Mit dem Beginn einer breiten wissenschaftlichen Forschung zu Beginn des 19. Jahrhunderts wurde die Existenz einer grösseren Zahl von St.Galler Handschriften in Zürich immer offenkundiger. In der Stadtbibliothek standen sie, gut betreut und konserviert von Fachleuten, den immer zahlreicher werdenden Gelehrten zur Einsichtnahme und zum Studium zur Verfügung. In der jetzt dem Katholischen Konfessionsteil des Kantons St.Gallen gehörenden Stiftsbibliothek wurden die Manuskripte schmerzlich vermisst, aber verschiedene Vorstösse zur Rückerstattung der Codices blieben auch im 19. Jahrhundert ohne Erfolg.

*Karte des fürstäbtischen Gebietes um 1700. Zentralbibliothek Zürich, Kartographische Sammlung.*

In St.Galler Fachkreisen geriet der Umstand, dass sich eine grössere Anzahl von St.Galler Handschriften in Zürcher Bibliotheken und Archiven befand, auch im 20. Jahrhundert nie in Vergessenheit. Im Jahre 1931 erlangte das Stiftsarchiv St.Gallen jene Archivbestände zurück, die sich seit 1712 im Staatsarchiv des Kantons Zürich befunden hatten. Dies weckte in St.Gallen natürlich auch Hoffnungen, ebenso die in Zürich befindlichen Handschriften zurückzuerhalten. Nach dem 2. Weltkrieg erhielt das Stiftsarchiv St.Gallen zahlreiche frühmittelalterliche Urkunden aus Bremen zurück, wohin sie (auf Umwegen) durch mutwillige Entfremdung durch den Gelehrten Melchior Goldast (1576–1635) gelangt waren.

Ein Leserbrief des wissenschaftlichen Mitarbeiters der Stiftsbibliothek, Karl Schmuki, und ein anschliessendes Radio-Interview riefen im März 1995 die Thematik ins Bewusstsein einer breiteren Öffentlichkeit. Folge davon war eine einfache Anfrage von Kantonsrat Markus Forster im Grossen Rat des Kantons St.Gallen. Nach längeren internen Abklärungen über den genaueren Sachverhalt richtete das Departement des Innern des Kantons St.Gallen am 24. Mai 1996 zusammen mit dem Katholischen Administrationsrat des Kantons St.Gallen ein Schreiben an den Vorsteher der Justizdirektion des Kantons Zürich und ersuchte darin um «Verhandlungen über die Rückgabe des nach dem zweiten Villmergerkrieg von 1712 in Zürich verbliebenen Kulturgutes aus der Stiftsbibliothek St.Gallen». Bei einer Aussprache zwischen Vertretern der Regierungen im November 1996 wurde vereinbart, dass beide Kantone bis Ende März 1997 mitteilen wollten, ob sie sich einem von sanktgallischer Seite vorgeschlagenen Schiedsgutachten unterwerfen würden. Diesen Vorschlag lehnte der Regierungsrat des Kantons Zürich ab. Ein formelles Schreiben des Regierungsrats des Kantons St.Gallen an den Regierungsrat des Kantons Zürich von 1997 mit der Bitte um Rückgabe der sich noch in Zürich befindlichen Kulturgüter wurde von Zürich (mit Beschluss vom 25. August 1999) ebenfalls abgelehnt, und gleich erging es einer neuartigen Stiftungslösung, die die beiden Generalsekretäre der zuständigen Departemente (Thomas Manhart ZH; Markus Bucheli SG) miteinander ausgearbeitet hatten.

Nachdem der Regierungsrat des Kantons Zürich Anfang 2001 auch diese Stiftungslösung abgelehnt hatte, schien alles auf einen Prozess vor dem Schweizerischen Bundesgericht in Lausanne zuzulaufen. Das Thema war in St.Gallen von einiger Brisanz und weckte in weiten Bevölkerungskreisen starke Emotionen. St.Gallen liess deshalb durch die Professoren Rainer Schweizer, Kay Hailbronner und Karl Heinz Burmeister ein Rechtsgutachten erstellen und bereitete eine Klageschrift beim Bundesgericht vor. Das gedruckte Rechtsgutachten wurde unter grosser Medienpräsenz am 3. September 2002 der Öffentlichkeit präsentiert.

Um den nach damaliger Meinung St.Gallens fast unausweichlichen Gang ans Bundesgericht doch noch vermeiden zu können, hatten findige Juristen jedoch in der neuen, im Jahre 1999 vom Volk verabschiedeten Bundesverfassung einen Artikel «entdeckt», der auf Wunsch der Kantone in die Verfassung eingerückt worden war. Artikel 44, Absatz 3 der Bundesverfassung sieht vor, dass bei Streitigkeiten zwischen Kantonen der Bundesrat als Vermittler angerufen werden kann. Deshalb ersuchte die Regierung des Kantons St.Gallen diesen um Vermittlung in Sachen «Weltkulturerbe Stiftsbezirk St.Gallen: Rückerstattung der im Jahre 1712 weggeführten, in Zürich verbliebenen Kulturgüter». Der Bundesrat erklärte sich zur Übernahme der Vermittlung bereit und betraute das Eidgenössische Departement des Innern mit der Durchführung. Auch Zürich hatte seine Beteiligung an der Vermittlung zugesagt, und so begannen am 19. November 2003 Gespräche, wie sie in dieser Art in der Geschichte des Schweizerischen Bundesstaates vorher noch nie stattgefunden hatten. Vertreter aller in den Konflikt involvierten Parteien nahmen daran teil.

Die Federführung lag beim Eidgenössische Departement des Innern von Bundesrat Pascal Couchepin. Die Verhandlungsrunden leitete dessen Generalsekretär Pascal Strupler, unterstützt von Luzius Mader (Vizedirektor Bundesamt für Justiz), Andrea F.G. Raschèr (Leiter Recht im Bundesamt für Kultur) und im Verlauf der Verhandlungen auch von Mediator Marco Ronzani (Basel). Zürichs Delegation mit Vertretern von Kanton (Thomas Manhart, Christiane Lentjes Meili), Stadt (Urs Baumgartner) und Stiftung Zentralbibliothek (Hermann Köstler, Claudieter Schott), unterstützt von Rechtsanwalt Urs Saxer, stand unter der Leitung von Thomas Manhart, Generalsekretär der Direktion der Justiz und des Innern. St.Gallens Vertretung setzte sich aus Delegationsleiter Markus Bucheli, Generalsekretär des Departements für Inneres, Rechtsanwalt Christoph Rohner und Karl Schmuki als Vertreter der Stiftsbibliothek zusammen. In insgesamt 18 Sitzungen an 19 Tagen, die wechselweise in Bern, Zürich und St.Gallen stattfanden, erarbeiteten die Verhandlungsdelegationen eine Vereinbarung betreffend die abschliessende Beilegung des Kulturgüterstreits zwischen St.Gallen und Zürich.

Als Teil der Lösungssuche prüften Experten der Parteien vorerst die einzelnen von St.Gallen beanspruchten Kulturgüter im Hinblick darauf, ob diese im Rahmen der Ereignisse von 1712 nach Zürich gelangt waren. In verschiedenen Fällen blieb dies strittig. Strittig blieben auch die Eigentumsverhältnisse. Die Parteien einigten sich in der Folge darauf, bei der Lösungssuche politische sowie allgemeine öffentliche Interessen zu berücksichtigen. Zürich berief sich aufgrund des von ihm geltend gemachten Eigentums auf Rechtssicherheit, auf seine nahezu drei Jahrhunderte währende Pflege der strittigen Güter und auf das kulturpolitische Interesse an der Vermeidung von aus seiner Sicht problematischen Präjudizien. St.Gallen berief sich nebst behauptetem Eigentum namentlich auf den Gesichtspunkt des identitätsstiftenden Charakters von Kulturgütern, die mit bestimmten Gemeinschaften, Regionen oder historisch gewachsenen Ensembles besonders eng verbunden sind. Gemeinsam war das Interesse, eine Lösung zu suchen, die der Kultur und der Kulturpflege dient, in die Zukunft weist und Perspektiven noch verstärkter kultureller Zusammenarbeit zwischen den Parteien eröffnet. Dabei wurden auch Kulturgüter, deren «Lokation» in Zürich nicht auf die Ereignisse von 1712 zurückzuführen ist, sowie weiterführende Fragestellungen einbezogen.

Am 6. März 2006 trafen sich die politischen Entscheidungsträger (Bundesrat Pascal Couchepin; Regierungsrat Markus Notter, Regierungsrätin Regine Aeppli, Stadträtin Monika Weber; Regierungsrätin Kathrin Hilber, Administrationsratspräsident Hardy Notter) im Beatrice von Wattenwyl-Haus in Bern, um den von den Verhandlungsdelegationen ausgearbeiteten Vereinbarungsentwurf zu besprechen. Nach kurzen Diskussionen einigte man sich auf die hier skizzierte Kompromisslösung:

– St.Gallen anerkennt, dass Zürich an sämtlichen Kulturgütern, die auf Grund der Ereignisse von 1712 im Besitz zürcherischer Institutionen und des Schweizerischen Landesmuseums sind, unabhängig von den Umständen des Erwerbs volles Eigentum und sämtliche daraus fliessenden Rechte erworben hat.

- Zürich anerkennt die Identitätsrelevanz der in der St.Galler Klosterbibliothek seit dem frühen Mittelalter entstandenen und gesammelten vorab einheimischen Zeugnisse der Schreib-, Mal- sowie Buchkunst und Wissenschaft für St.Gallen und den Bodenseeraum. St.Gallen anerkennt, dass die Kulturgüter in den fast 300 Jahren ihres Verbleibs in Zürich zur kulturellen Identität der Zentralbibliothek beigetragen haben und dort gut konserviert, gepflegt und erschlossen worden sind.
- Der Kanton Zürich schenkt St.Gallen die sich im Staatsarchiv Zürich befindliche Vita vetustissima Sancti Galli.
- Zürich erstellt für die Stiftsbibliothek St.Gallen eine fachmännisch erstellte originalgetreue Replik des der Stiftung Zentralbibliothek gehörenden, im Landesmuseum befindlichen Erd- und Himmelsglobus.
- Zürich leiht St.Gallen 35 (respektive 40) der Stiftung Zentralbibliothek gehörenden Kulturgüter auf eine unbestimmte Zeit aus. Eine Auflösung des Leihverhältnisses ist erstmals nach 38 Jahren, also im Jahre 2044, möglich. Die Stiftsbibliothek St.Gallen stellt für die Stiftung Zentralbibliothek Zürich von allen ausgeliehenen Handschriften hochwertige digitale Aufnahmen her. Die Leihbedingungen wurden in einer gemeinsam ausgearbeiteten Vereinbarung geregelt. Die Auswahl der längerfristig nach St.Gallen ausgeliehenen Kulturgüter erfolgte im Rahmen des Leitkriteriums der Identitätsrelevanz für St.Gallen, insbesondere nach den folgenden Gesichtspunkten: 1) eigenständige geistige und künstlerische Leistungen von St.Galler Mönchen aus Mittelalter und früher Neuzeit, 2) liturgische Handschriften mit spezifisch sanktgallischem Heiligenkalender und sanktgallischer Gottesdienstordnung, 3) älteste in St.Gallen geschriebene oder kopierte Texte.

Am 27. April 2006 wurde diese Vereinbarung von Bundesrat Pascal Couchepin und den politischen Entscheidungsträgern der beiden Parteien in Bern unterzeichnet und an einer Medienkonferenz der Öffentlichkeit präsentiert. Damit (und mit dem sich im Gange befindlichen Vollzug der vereinbarten Lösung; die Handschriften trafen am 25. September 2006 in St.Gallen ein) wurde ein definitiver Schlussstrich unter einen 294 Jahre lang mehr oder weniger stark schwelenden latenten Konflikt gezogen.

# Der grosse Erd- und Himmelsglobus des St.Galler Fürstabts Bernhard Müller aus dem Schweizerischen Landesmuseum

Im Jahre 1595 konnte der St.Galler Fürstabt Bernhard Müller (1594–1630) von einem Konstanzer Apotheker namens Lukas Stöckli einen riesigen Erd- und Himmelsglobus erwerben, der heute zu den grössten noch erhaltenen Globen aus dem 16. Jahrhundert gehört. Die Hintergründe dieses Erwerbs liegen im Dunkeln. Zwar wurde der Globus gemäss Ausweis des Rechnungsbuchs *in die Bibliothecam verehrt*, also eigentlich geschenkt, doch bis ins Jahr 1600 bezahlte der St.Galler Abt nicht weniger als 552 Gulden in Ratenzahlungen an Stöckli. Der grosse Globus wurde in der Renaissance-Bibliothek von 1551/53, die Fürstabt Diethelm Blarer (1530–1564) hatte errichten lassen, aufgestellt.

Der Globus war zum Zeitpunkt seiner Ankunft im Kloster St.Gallen nicht ganz neu. Er dürfte mit ziemlicher Wahrscheinlichkeit um 1570 von geübten Handwerkern und Künstlern in Augsburg angefertigt worden sein. Dort sind nachweislich auch andere Globen konstruiert und erstellt worden. Als Auftraggeber vermutet man einen begüterten Repräsentanten aus der berühmten Kaufmannsfamilie der Fugger.

Die Dimensionen des Erd- und Himmelsglobus sind eindrücklich: die Höhe beträgt 233 cm, der Kugeldurchmesser 121 cm und der Kugelumfang 380 cm. Der Globus ist in einen «Holzkorb» mit sechs geschweiften Schenkeln eingebettet, der seinerseits auf einem Sockeltisch befestigt ist. Er besteht aus zwei hohlen Holz-Halbkugeln, die durch die eiserne Polachse zusammengehalten und im Innern durch hölzerne Verstrebungen versteift und stabilisiert werden. Die Holzhalbkugeln wurden mit Schindelholz überzogen, anschliessend wurde eine Schicht Papiermaché darüber gelegt und das Kartenbild von Hand auf einen Malgrund aufgezeichnet, bemalt und beschriftet. Gezeichnet wurden darauf eine Erd- und eine Himmelskarte, in dieser Kombination damals ungebräuchlich, denn üblicherweise pflegte man dafür ein Globenpaar mit jeweils separatem Erd- und Himmelsglobus zu schaffen.

Die Abbildung der Erde basiert auf einer vom berühmten Kartographen Gerhard Mercator im Jahre 1569 in Duisburg herausgegebenen Weltkarte («Nova et aucta orbis terrae descriptio ad usum navigantium») und entspricht den Kenntnissen der damaligen Zeit. Die vier damals bekannten Kontinente Europa, Afrika, Asien und Amerika sind – mit Ausnahme von Südamerika – in ihren Proportionen und Umrissen bereits sehr gut «getroffen».

Die Himmelskarte beruht in den Meeren, wo mehr Platz zur Ausführung vorhanden war, teilweise auf figürlichen Darstellungen von Sternbildern, die auf zwei von Albrecht Dürer 1515 in Nürnberg geschaffene Holzschnitte zurückgehen. Andere Sternbilder bestehen nur aus Sternzeichen. Vom nördlichen Sternenhimmel wurden die Sternbilder des Grossen Bären, des Schlangenträgers, der Schlange, des Skorpions und der Waage ausgeführt, vom südlichen Himmel gelangten diejenigen des Grossen Hundes, des Argonautenschiffs, des Kentaurs, des Altars und des Wolfs zur Ausführung. Im Meer tummeln sich da und dort Fabelwesen (z.B. Meerjungfrau), Segelschiffe und seltene Tiere (Wale, Delphine, fliegende Fische), auf den Kontinenten kann man etwa den auf einem Thron sitzenden König von Nubien, Menschenfresser *(anthropophagi)* im nördlichen Südamerika oder ein die Wüste *Arabia deserta* durchquerendes Kamel entdecken.

Der St.Galler Abt Bernhard Müller liess die geschweiften Schenkel des Holzkorbs mit Kapazitäten des Altertums und des Mittelalters aus dem Gebiet von Geographie, Mathematik und Astronomie bemalen. Dargestellt sind beispielsweise die Griechen Archimedes, Euklid, Ptolemäus, Nikephoros und Platon oder drei arabische Koryphäen. Ihnen stellten die St.Galler ihre eigenen Mönche gegenüber: Iso *(B. Yson monachus S. Galli doctissimus. 871)* und Helpericus *(monachus S. Galli 1020. Physicus, Musicus, Astronomicus, Calculator;* Helpericus ist

eine fiktive Mönchspersönlichkeit, der man auf verschiedenen Gebieten der Wissenschaft grosse Fähigkeiten zuschrieb) sowie den damals häufig nach St.Gallen verpflanzten Reichenauer Mönch Hermann den Lahmen *(Hermannus Contractus. 1060)*. Fürstabt Bernhard Müller liess auf einem Schenkel auch sein Abtswappen (Bär: Abtei St.Gallen; Lamm mit Fahne: Kloster St.Johann im Thurtal; Dogge: Toggenburg; Mühlrad: Familienwappen der Müller) anbringen.

Nach der Einnahme des Klosters St.Gallen im Jahre 1712 durch Zürcher und Berner Truppen wurde der Globus in der Bibliothek auseinandergenommen, fein säuberlich verpackt (*«in wullenen Tüchern wohl eingenäht und in einem Bettdecken-Pfulmen und Küssin* [aus dem Besitze des Zürcher Gelehrten und Kommissärs Johann Jacob Scheuchzer!] *samt den Zeichen wohl eingemacht und mit einem Hartztuch* [Wachstuch] *bedeckt»*) und per Fuhrwerk *(«auff einem Brancard»)* nach Zürich geführt. Im Jahre 1718 wurde er in der Kunstkammer der Burgerbibliothek Zürich, auf der oberen von zwei neu erbauten Galerien, im Chor der Wasserkirche aufgestellt. Nach der Auflösung der Kunstkammer 1783 wurde er ins Erdgeschoss der Wasserkirche transportiert. Seit dem Jahr 1897 steht der Globus als Depositum der Stadtbibliothek Zürich (Rechtsnachfolgerin ist die Zentralbibliothek) im Schweizerischen Landesmuseum Zürich. Im Jahre 1961 wurde er von Pierre Boissonnas einer grossen Restauration unterzogen.

# Notker der Deutsche (um 950–1022)

Notker Labeo, so genannt seiner offenbar auffällig grossen Lippen wegen, erwarb sich den Ehrennamen Teutonicus oder der Deutsche durch seine kulturgeschichtliche Pionierarbeit, die sich wiederum seinem zutiefst humanen Charakter verdankte. Er entstammte nach Auskunft seines Schülers Ekkehart IV. einem im toggenburgischen Jonschwil ansässigen und im Thurgau begüterten Grundherrengeschlecht. Während der ottonisch-frühsalischen Blütezeit des Klosters St.Gallen im 10./11. Jahrhundert stand er dessen Schule vor, die seit dem karolingischen 9. Jahrhundert weit herum bekannt war und grosse Anziehungskraft besass. Den St.Galler Mönchen war Notker ein hoch gebildeter und überaus gütiger Lehrer, wie das Totenbuch zu seinem Gedenken festhält; der Nachwelt bleibt er vor allem als früher Übersetzer von Bedeutung: *Primus barbaricam scribens faciensque saporam* (als erster zeichnete er die barbarische (deutsche) Sprache schriftlich auf und machte sie so geniessbar, Cod. Sang. 393, S. 155). Aus Liebe zu seinen vielfach wohl überforderten Schülern übertrug er zahlreiche lateinische Schul- und Bibeltexte ins Althochdeutsche (*teutonice propter caritatem discipulorum plures libros exponens*, ebd.), weil er der Ansicht war, in der Muttersprache sei rascher und müheloser zu begreifen, was in einer fremden Sprache nur schwer zugänglich ist. Von Notkers Werk, bestehend aus insgesamt mindestens 21 Schriften aus allen Bereichen monastischer Bildung (Trivium, Quadrivium, Bibeltexte und Theologie), ist gut die Hälfte in vorwiegend zeitgenössischen Abschriften erhalten geblieben, angefertigt wohl in seinem Auftrag von St.Galler Mönchen als Handexemplare zu Unterrichtszwecken.

Notker starb am 28. Juni 1022 im Alter von ungefähr 70 Jahren an den Folgen der Pest, welche Teilnehmer am Italien-Feldzug Kaiser Heinrichs II. nach St.Gallen eingeschleppt hatten.

# Notkers des Deutschen persönliche Handschrift

Wenn wir dem Klosterchronisten Ekkehart IV. (um 980/90–um 1060) glauben dürfen – und dagegen scheint nichts zu sprechen –, sind in der Handschrift Nr. 621 auf Seite 321 zwei autographe Zeilen des *magister apertus*, der seinen Schülern die lateinischen Schriften durch Übersetzung und Erklärung offen legte, greifbar. Im 7. Buch der «Historia adversus paganos», der Weltgeschichte des Paulus Orosius († nach 418), ergänzte der die lateinischen Texte aufmerksam studierende Lehrer Notker offenbar zwei ursprünglich fehlende Zeilen: [...] *nunc avulsis violenter destituta nudabat / nunc oppositis iugiter in terga trudebat* [...] (... bald riss [der gottgesandte Sturmwind den Feinden die Schilde] weg und liess sie schutzlos entblösst, bald liess er sie den Vordermännern unablässig auf den Rücken prallen ...). Ekkehart, der Schüler Notkers, weist mit der Interlinearglosse *has duas lineas amandas domnus Notkerus scripsit. Vivat anima eius in domino* (diese beiden liebenswürdigen Zeilen hat Herr Notker geschrieben. Seine Seele möge im Herrn leben) auf die Ergänzung hin. Einige Seiten weiter hinten vermerkt er, Notker habe die unnützen Erklärungen eines dummen Schreibers auszuradieren und an deren Stelle Nützlicheres zu ergänzen befohlen (*domnus Notkerus abradi et utiliora iussit in locis ascribi,* S. 351).

Die Universalgeschichte des Orosius, die den Gang der Welt von Adam bis zum Jahr 417 beschreibt, war im Mittelalter ein Standardwerk christlicher Geschichtsschreibung, das im klösterlichen Schulunterricht als Leitfaden zur Vermittlung der Weltgeschichte diente. In der St.Galler Abschrift aus dem 9. Jahrhundert zeugen zahlreiche Wort- und Sacherklärungen mehrerer späterer Hände, darunter diejenige Ekkeharts IV., von intensiver Nutzung des Werkes.

Dem Orosius-Teil (S. 5–351) folgen auf Seite 352 zum Thema «De lege dictamen ornandi» einige autographe Verse Ekkeharts IV., die einem Frater Ymmo, dem späteren Abt von Münster im Elsass, gewidmet sind, und auf Seite 354 verschiedene Fragmente und Notizen, unter anderem die «Versus de fungo» des Notker Balbulus. Dazwischen finden sich auf den Seiten 353f. einige Federproben und Griffelskizzen, darunter eine mit blassem, raschem Stift hingekritzelte, überraschend obszöne Darstellung eines nackten Mannes ohne Arme und mit übergrossem Geschlechtsteil.

*Stiftsbibliothek St.Gallen, Handschrift Nr. 621 (S. 321) – Pergament – 356 Seiten – 34,5 x 26 – Kloster St.Gallen – 9. Jahrhundert.*

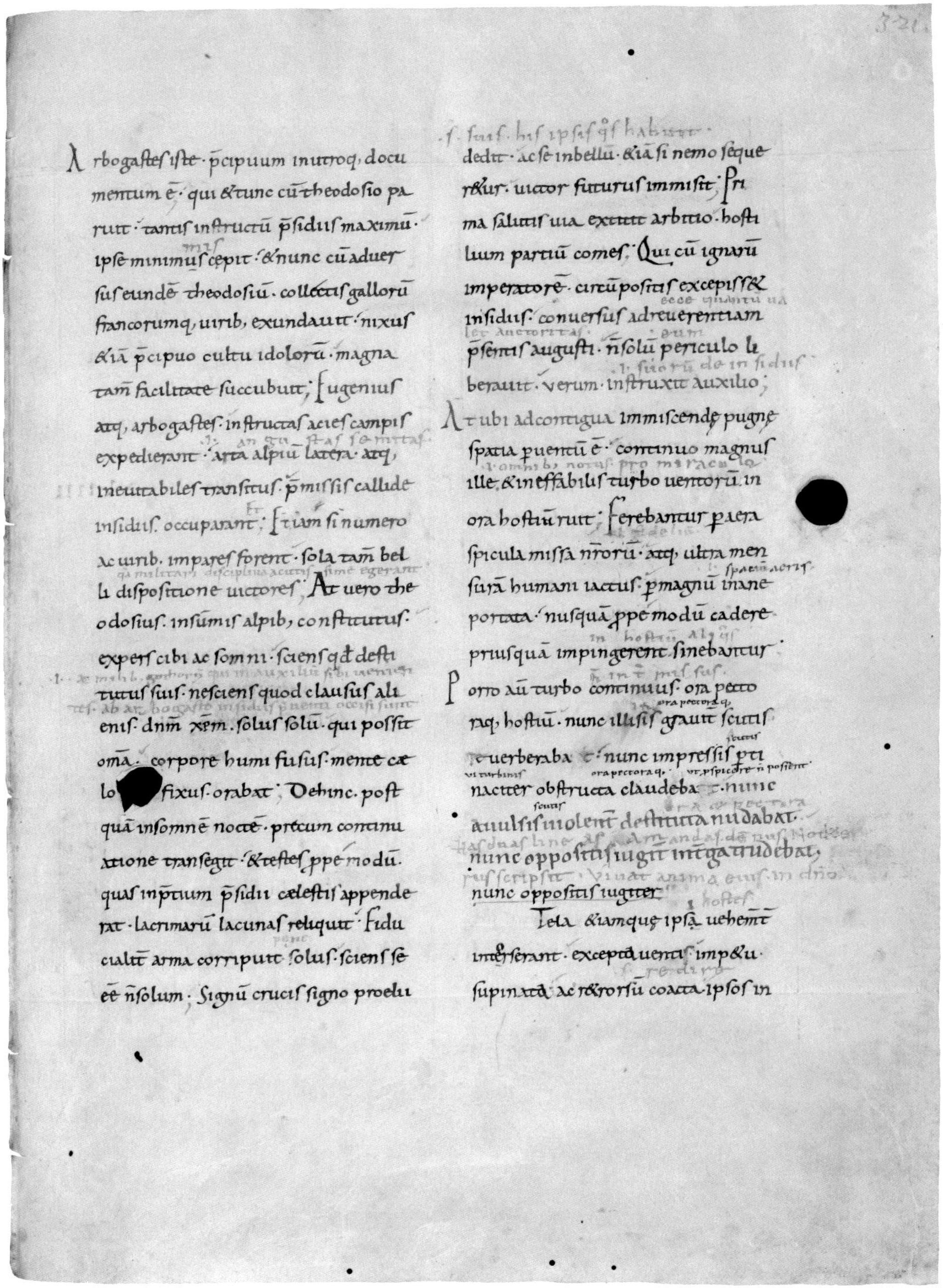
Arbogastes iste · pcipuum inutroq; docu
mentum ē · qui &tunc cū theodosio pa
ruit · tantis instructū psidus maximū ·
ipse minimus cepit · & nunc cū aduer
sus eundē theodosiū · collectis gallorū
francorumq; uirib; exundauit · nixus
&iā pcipuo cultu idolorū · magna
tam facilitate succubuit; Eugenius
atq; arbogastes · instructas acies campis
expedierant · arta alpiū latera · atq;
ineuitabiles transitus · pmissis callide
insidiis · occupauerant; Etiam si numero
ac uirib; impares forent · sola tam bel
li dispositione uictores; At uero the
odosius · insumis alpib; constitutus ·
expers cibi ac somni · sciens qd desti
tutus suis · nesciens quod clausus ali
enis · dnm xpm · solus solū · qui possit
omā · corpore humi fusus · mente cae
lo fixus · orabat; Dehinc · post
quā insomnē noctē · precum continu
atione transegit · & testes ppe modū ·
quas inptium psidii caelestis appende
rat · lacrimarū lacunas reliquit · fidu
cialiter arma corripuit · solus · sciens se
eē nsolum; Signū crucis signo proelii
dedit · ac se inbellū · &iā si nemo seque
r&ur · uictor futurus immisit; Pri
ma salutis uia extitit arbitio · hosti
lium partiū comes; Qui cū ignarū
imperatorē · circūpositis excepiss&
insidiis · conuersus adreuerentiam
psentis augusti · nsolū periculo li
berauit · uerum · instruxit auxilio;
At ubi adcontigua immiscendę pugnę
spatia puentū ē · continuo magnus
ille & ineffabilis turbo uentorū in
ora hostiū ruit; Ferebantur p aera
spicula missa nrorū · atq; ultra men
surā humani iactus · pmagnū inane
portata · nusquā ppe modū cadere
priusquā impingerent sinebantur ·
Porro aū turbo continuus · ora pecto
raq; hostiū · nunc illisis grauit scutis
uerberabat · nunc impressis perti
naciter obstructa claudebat · nunc
auulsis uiolent destituta nudabat ·
nunc oppositis iugit integratudebat;
nunc oppositis iugiter
Tela &iamque ipsa uehement
inmiserant · excepta uentis imp&u
supinata ac retrorsū coacta ipsos in

## Die lateinischen Schriften Notkers des Deutschen

Notker der Deutsche, seit etwa 990 bis zu seinem Tod 1022 Magister an der St.Galler Klosterschule, ist vor allem wegen seiner althochdeutschen Bearbeitung mittelalterlicher Schulschriften bekannt. Er übertrug Texte wie die «Consolatio Philosophiae» des Boethius (475/80–524), die ersten zwei Bücher «De nuptiis Philologiae et Mercurii» des Martianus Capella (um 400) oder den alttestamentlichen Psalter in eine charakteristische lateinisch-deutsche Mischprosa, um seinen Schülern den Zugang zum Lernstoff zu erleichtern. Daneben verfasste er jedoch auch Texte in lateinischer Sprache; so müssen ihm etwa die in der ausgestellten Handschrift überlieferten Artes-Liberales-Traktate «Distributio omnium specierum nominis inter cathegorias Aristotelis» und «De dialectica» oder der so genannte St.Galler Traktat zugeschrieben werden.

In der «Distributio» (fol. $1^r$–$22^r$) behandelt Notker in 27 Abschnitten Fragen, die das Grenzgebiet zwischen Grammatik und Logik betreffen, und versucht, eine verbindende Brücke zwischen den beiden Bereichen zu schlagen. «De dialectica» (fol. $22^r$–$38^v$) enthält eine knappe, klar gegliederte Darstellung der aristotelischen Logik, wie sie Notker und dem frühen Mittelalter hauptsächlich in den Übersetzungen und Kommentaren des Boethius zugänglich war. Der Umstand, dass neben der in St.Gallen entstandenen Handschrift C 98 der Zentralbibliothek Zürich eine weitere, sich von ihr unterscheidende St.Galler Fassung dieses Textes existiert (vgl. Cod. Sang. 820), mag ein interessanter Hinweis darauf sein, dass Notkers (oder seiner Schüler) Bemühen um Klarheit über Aristoteles' Logik ein fortdauernder Prozess war. Der so genannte St.Galler Traktat schliesslich, überschrieben mit *Incipit quomodo septem circumstantiae rerum in legendo ordinandae sint* (fol. $38^v$–$66^v$), bietet mit Beispielen veranschaulichte Anweisungen, wie schwierige lateinische Satzgefüge zum leichteren Verständnis syntaktisch umgeordnet werden können.

Der inneren Einheit der Handschrift steht ihre kodikologische Uneinheitlichkeit gegenüber: Das Format der acht Lagen variiert leicht, ebenso die Zeilenzahl pro Seite, die Schreiberhände wechseln einige Male mit einer neuen Lage, ohne dass der Wechsel mit dem Beginn eines neuen Textes zusammenfallen würde. Das Pergament ist insgesamt von ungleichmässiger und nicht sehr hoher Qualität und weist an manchen Stellen Löcher auf.

*Zentralbibliothek Zürich, Ms. C 98 (fol. $22^r$) – Pergament – 68 Blätter – 17/19,5 x 11,5/14,5 – Kloster St.Gallen – erste Hälfte 11. Jahrhundert.*

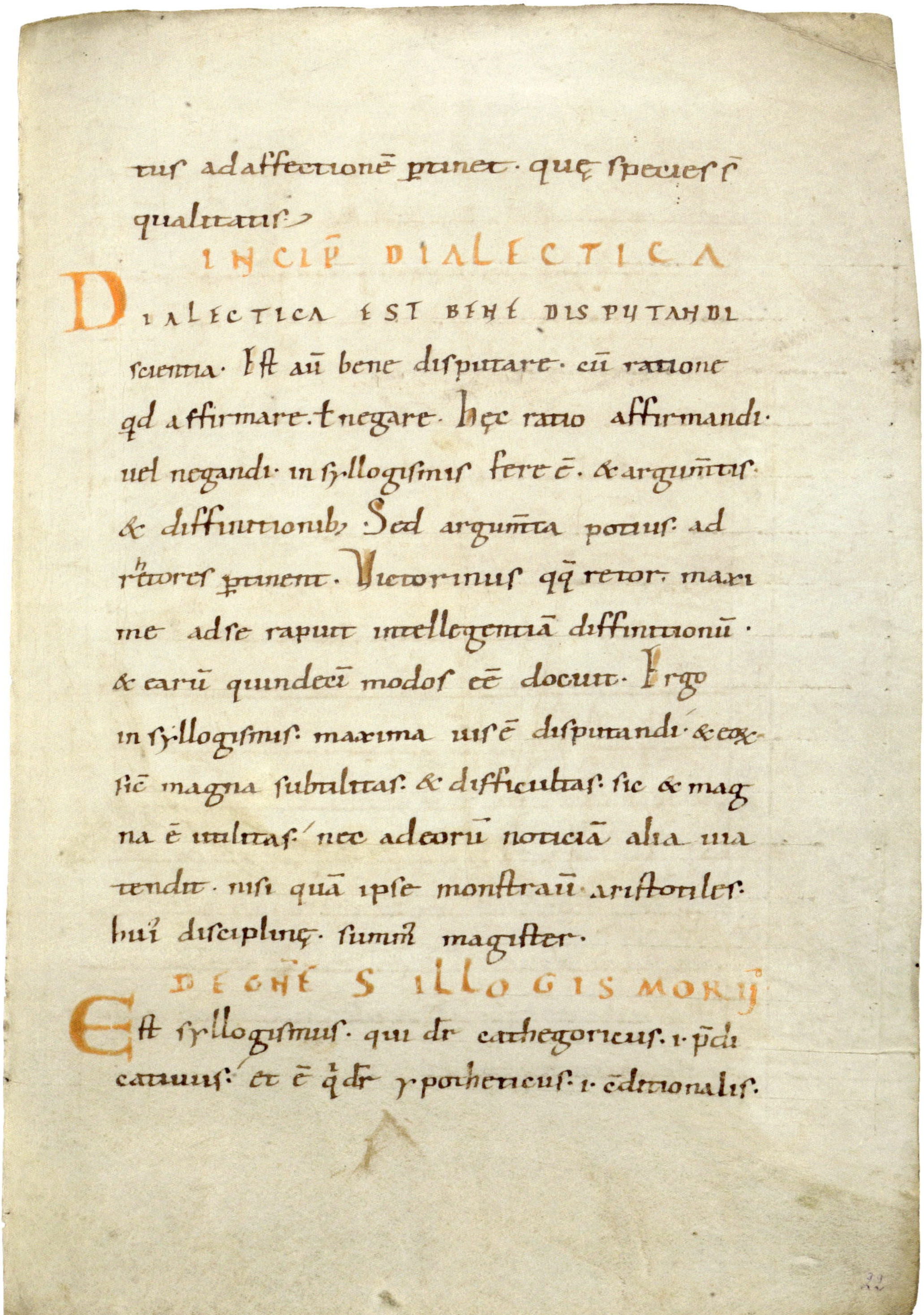
tur ad affectionē ptinet. quę species ē
qualitatis.
INCIP DIALECTICA
DIALECTICA EST BENE DISPUTANDI
scientia. Est aū bene disputare. cū ratione
qd affirmare. t negare. Hęc ratio affirmandi.
uel negandi. in syllogismis fere ē. & argumtis.
& diffinitionib; Sed argumta potius ad
rhetores ptinent. Uictorinus qq; retor. maxi
me adse rapuit intellegentiā diffinitionū.
& earū quindecī modos ee docuit. Ergo
in syllogismis. maxima uis ē disputandi. &eox-
sic magna subtilitas. & difficultas. sic & mag
na ē utilitas. nec ad eorū noticiā alia ma
tendit. nisi quā ipse monstrauit aristotiles.
hui' disciplinę. summus magister.
DE GENERE SILLOGISMORUM
Est syllogismus. qui dr cathegoricus. i. predi
catiuus. et ē qui dr ypotheticus. i. conditionalis.

## Sammelband mit weiteren lateinischen Schriften Notkers

Die ersten 28 Blätter des Sammelcodex enthalten eine Abschrift Isidors von Sevilla (um 560?–636) «Differentiarum liber secundus» aus dem 9. Jahrhundert; der dritte Teil des Bandes (fol. $73^{r}$–$206^{v}$) umfasst Beda Venerabilis' (673/74–735) «Super epistolas catholicas expositio» in einer Abschrift aus dem 11. Jahrhundert.

Der mittlere Teil der Handschrift, der ebenfalls aus dem 11. Jahrhundert stammt, ist mehrheitlich Notker dem Deutschen vorbehalten. Neben einem lateinisch-althochdeutschen Fragment aus der «Consolatio Philosophiae» (fol. $49^{v}$–$51^{v}$) finden sich folgende im monastischen Schulunterricht verwendeten, vorwiegend lateinischen Schriften versammelt: «Quid sit syllogismus» (fol. $28^{r}$–$49^{r}$) widmet sich dem Problem der logischen Erkenntnisfindung durch die syllogistische Schlussrede, die aus drei Urteilen vom Allgemeinen auf das Besondere schliesst. Die einzig im vorliegenden Codex überlieferte Schrift ist in einer lateinisch-deutschen Mischprosa gehalten; allerdings verarbeitet Notker seine lateinischen Quellen hier so frei, dass man nicht mehr von einer umarrangierten Vorlage sprechen kann, sondern den Text als eigentliche Neubildung verstehen darf. Gemeinhin gilt auch die kleine Schrift «De partibus logicae» (fol. $51^{v}$–$54^{v}$), die einzig in dieser Handschrift mit Titel überliefert ist, als Notkers – oder zumindest Notker nahes – Werk. Es handelt sich dabei um eine lateinische Übersicht der Logik mit deutschen Beispielen. Auf fol. $59^{r}$–$72^{r}$ folgen schliesslich in sieben Abschnitten Auszüge aus Notkers Rhetorik, überschrieben mit «De materia artis rhetoricae».

Ob Notker zudem als Verfasser der drei Stücke «Quis sit dialecticus» (fol. $54^{v}$–$55^{v}$), «De definitione philosophie» (fol. $55^{v}$–$58^{v}$) und «De principalibus questionibus» (fol. $59^{r}$) gelten darf, ist bisher nicht geklärt.

Die Ränder der verschiedenen Teile der Sammelhandschrift sind unterschiedlich stark beschnitten, was einige Titel teilweise unleserlich macht (vgl. beispielsweise fol. $41^{r}$).

*Zentralbibliothek Zürich, Ms. C 121 (fol. $49^{v}$) –*
*Pergament – 206 Blätter – 18,5 x 15 – Kloster St. Gallen –*
*9./11. Jahrhundert.*

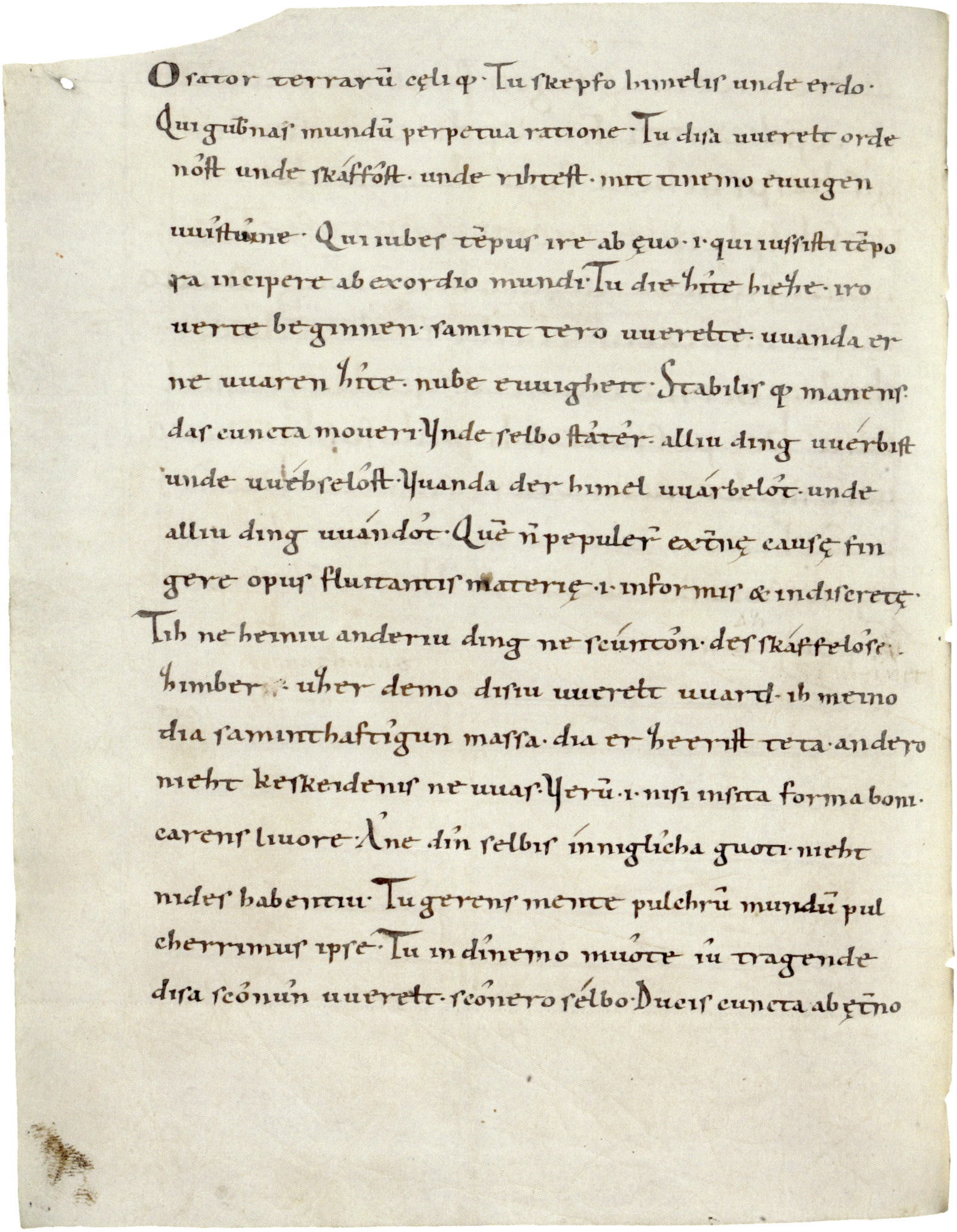
O sator terrarū cęli q̄· Tu skepfo himelis unde erdo·
Qui gubnas mundū perpetua ratione· Tu disa uuerelt orde
nôst unde skáffôst· unde rihtest· mit tinemo euuigen
uuistuome· Qui iubes tēpus ire ab ęuo· i· qui iussisti tēpo
ra incipere ab exordio mundi· Tu die hitte hieze· iro
uerte beginnen· samint tero uuerelte· uuanda er
ne uuaren hitte· nube euuigheit· Stabilis q̄ manens·
das cuncta moueri· Unde selbo státer· alliu ding uuérbist
unde uuébrelôst· Uuanda der himel uuárbelôt· unde
alliu ding uuándôt· Quē n̄ pepulerē externę causę fin
gere opus fluitantis materię· i· informis & indiscretę·
Tih ne hemiu anderiu ding ne scúnton· des skáffelôse·
himber·: uber demo disiu uuerelt uuard· ih meino
dia samintháftigun massa· dia er heerist teta· andero
neheîn keskeidenis ne uuas· Uerū· i· nisi insita forma boni·
carens liuore· Âne din selbis inniglicha guoti· niehe
nides habentiu· Tu gerens mente pulchrū mundū pul
cherrimus ipse· Tu in dinemo muote iu tragende
disa scônun uuerelt· scônero selbo· Ducis cuncta ab ętno

# Notkers Musiktraktat

In einer Sammelhandschrift mit verschiedenen im Schulunterricht verwendeten Texten aus dem 8. bis 11. Jahrhundert findet sich auf den Seiten 10–16 der anonym überlieferte Traktat «De musica» Notkers des Deutschen. Die zwischen 1000 und 1022 entstandene Schrift wird aufgrund von Sprache, Wortschatz, Formen und Akzenten eindeutig Notker dem Deutschen zugeschrieben und gilt als die älteste ihrer Gattung in deutscher Sprache. Die verschiedenen Abschnitte, deren erster über die Monochordmensur *(De monochordo)* in der St.Galler Überlieferung fehlt, erklären, wie die lateinischen Überschriften verdeutlichen, die Tonskala *(De tonis)*, das Viertonsystem der griechischen Musik *(De tetrachordis)* und die Kirchentonarten *(De octo modis)* und gipfeln in der Mensurberechnung der Orgelpfeifen *(De mensura fistularum organicarum)*. Dass Notker, abgesehen von einigen Termini Technici, ausgerechnet in dieser hochtheoretischen Abhandlung vollständig auf die Gelehrtensprache Latein verzichtete, könnte möglicherweise darauf hindeuten, dass die Lehre vom Mass der Orgelpfeifen für einen lediglich der Volkssprache mächtigen Orgelbauer bestimmt gewesen war. Neben der St.Galler Abschrift sind Teile des Traktates in vier weiteren Handschriften aus dem 11. Jahrhundert überliefert.

Inhaltlich stützt sich Notkers Tonlehre auf Boethius' Schrift «De institutione musica libri quinque» aus dem 5./6. Jahrhundert, auf die im ersten Abschnitt explizit verwiesen wird; daneben lassen sich weitere Quellen aus dem 9. bis 11. Jahrhundert ausmachen.

Neben dem Musiktraktat Notkers des Deutschen enthält die Sammelhandschrift den vierteiligen Stephanus-Hymnus, den der St.Galler Mönch Notker Balbulus vermutlich 883 für seinen in Metz zum Bischof ernannten Mitbruder Ruotbreht oder Ruotpert dichtete (S. 3–9). Von Interesse sind zudem die «Enigmata» des Klerikers Aldhelm von Malmesbury (um 640–709), die in spielerisch-geistreichen Rätseln nach Erscheinungen und Begriffen fragen (S. 22–48), das Werk «De virginitate» desselben zum Lob der jungfräulichen Askese (S. 50–167), das weit verbreitete «Carmen paschale» des Sedulius (5. Jahrhundert), das im Frühmittelalter zum Schulkanon gehörte (S. 168–247) sowie ein lateinisch-althochdeutsches, nach Sachgruppen geordnetes Wörterbuch aus dem 10. Jahrhundert (S. 247–252). Zahlreiche von verschiedenen Händen stammende Glossen und abgegriffene Blattränder zeugen von einer intensiven Benutzung der Handschrift.

*Stiftsbibliothek St.Gallen, Handschrift Nr. 242 (S. 10) – Pergament – 272 Seiten – 24,5 x 18,5 – Kloster St.Gallen – 8.-11. Jahrhundert.*

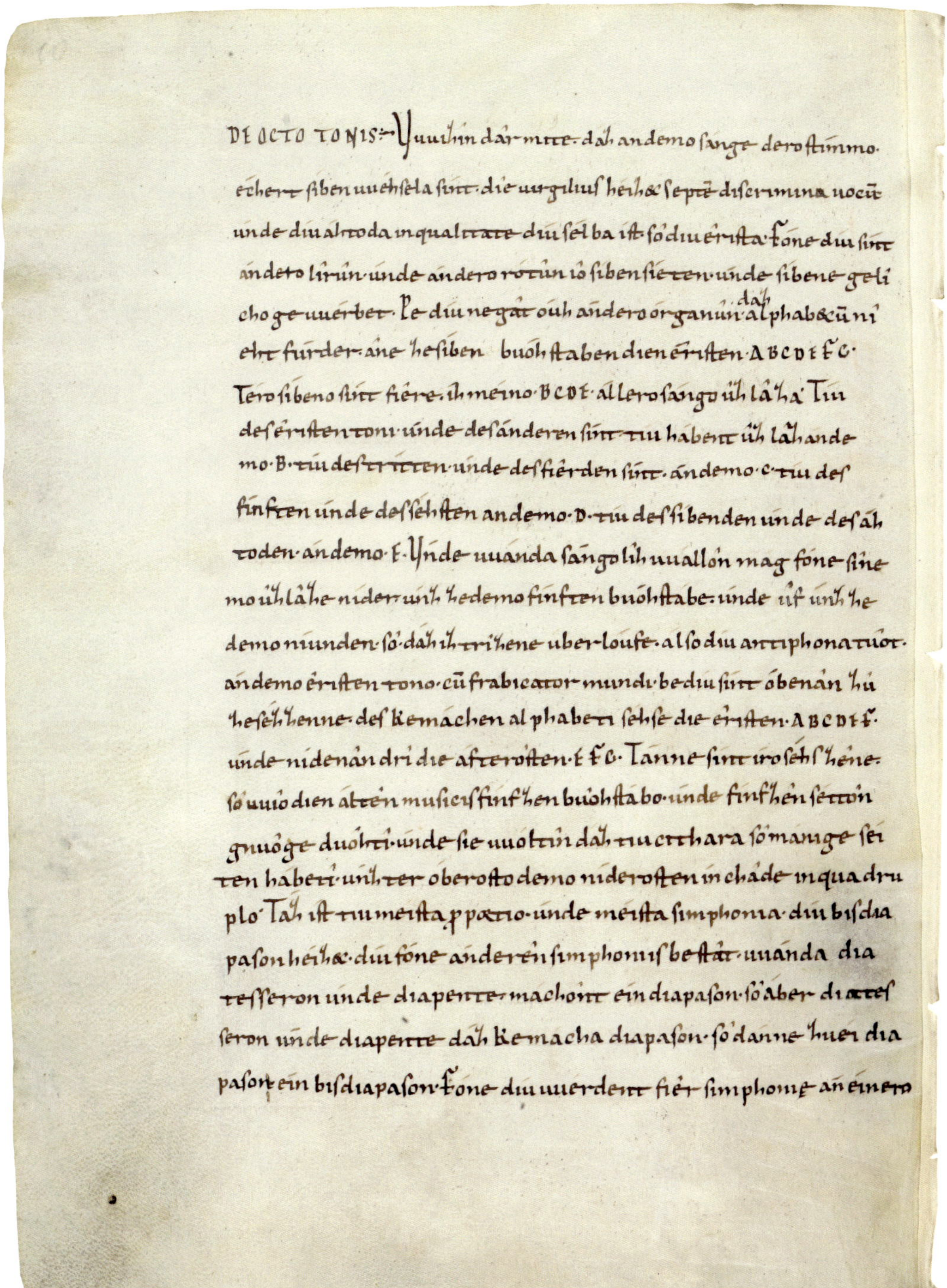
DE OCTO TONIS. Uuizin dâr mite. daz an demo sange dero stimmo
echert siben uuehsela sint. die uirgilius heizet septē discrimina uocū
unde diu altroda inqualitate diu selba ist. sô diu êrista fone dien sint
andero lirun. unde andero rotûn iô siben sieten. unde sibene geli
cho geuuerbet. Ze diu negât ouh andero organûn daz alphabetū ni
eht furder âne ze siben buohstaben dien êristen. A B C D E F G.
Tero sibeno sint fiere. ih meino B C D E. allero sango uuh lâza. Tiu
des êristen toni unde des ânderen sint. tiu habent uuh lâz an de
mo. B. tiu des tritten unde des fierden sint. ândemo. C. tiu des
finften unde des sehsten andemo. D. tiu des sibenden unde des ah
toden. andemo. E. Unde uuanda sangolih uuallôn mag fone sine
mo uuhlâze nider unz ze demo finften buohstabe. unde ûf unz ze
demo niunden. sô daz ih trizene uber loufe. also diu antiphona tuot.
an demo êristen tono. cū frabicator mundi. be diu sint ôbenân zu
ze sehzenne. des kemachen alphabeti sehse die êristen. A B C D E F.
unde nidenân dri die afterosten. E F G. Tanne sint iro sehszene.
sô uuio dien alten musicis finfzen buohstabo unde finfzen seitôn
gnuoge duohti. unde sie uuoltin daz tiu cithara sô manige sei
ten habeti. unz ter oberosto demo niderosten in châde inquadru
plo. Taz ist tiu meista pportio. unde meista simphonia. diu bisdia
pason heizet. diu fone anderen simphoniis bestât. uuanda dia
tesseron unde diapente machont ein diapason. sô aber diatesseron
seron unde diapente daz kemacha diapason. sô danne zuei dia
pason ein bisdiapason. Fone diu uuerdent fier simphonie an einero

## De tribus Notkeris

Ebenso wie der Ruhm seiner beiden gleichnamigen Vorgänger, des Sequenzendichters Notker des Stammlers († 912) und des Arztes Notker «Pfefferkorn» (nach 900–975), war auch das Ansehen Notkers des Deutschen im Kloster St.Gallen schon zu seinen Lebzeiten gross, sein Andenken wurde (und wird), wie zahlreiche Dokumente bezeugen, bis weit über seinen Tod hinaus gepflegt und gewahrt. Im ältesten Nekrologium (Cod. Sang. 915, S. 225) ist sein Tod am 28. Juni 1022 mit den ehrenden Worten [... *obitus*] *Notkeri doctissimi atque benignissimi magistri* verzeichnet, von seinem Wirken und Sterben berichtet in ausführlicher Weise sein Schüler Ekkehart IV. (um 980/90 – um 1060) unter anderem im «Liber Benedictionum» (Cod. Sang. 393). Selbst der St.Galler Humanist und Reformator Joachim von Watt (1484–1551) nennt in seiner Äbtechronik (Kap. 13) einen [Notker] *Labeonem, mit dem grossen Mul,* den er allerdings nicht eindeutig identifizieren kann, er vermutet vielmehr, es handle sich um Notker den Abt (971–975). Zur Unterscheidung der drei berühmten Mönche gleichen Namens zitiert Vadian ein *altz mönchenverslin,* einen im «Liber Benedictionum» von späterer Hand nachgetragenen lateinischen Merkvers:

> *Balbus erat Notker, Piperis granum fuit alter,*
> *Tertius hic labio datus est agnomine lato,*
> *Pectore mandatum gestans labio quoque latum.*
> *Lacior hinc labio, puto, memo videbitur illo,*
> *Ecce favos labio, quales stillat tibi lato.* (Cod. Sang. 393, S. 246)

Ebendiese Zeilen finden sich bei dem Kapellmeister und Komponisten Pater Anton Widenmann Anfang des 17. Jahrhunderts ins Deutsche übertragen (Cod. Sang. 1257, S. 564–565):

> *Der erst Notkerus, Balbus genannt,*
> *im reden stammlet, wie bekannt.*
> *Der ander Pfefferkörnlin haisst*
> *von strengkait wegen, wie man waisst.*
> *Dem dritten, grosser leffzen wegen,*
> *war Labeo der Nam gegeben.*
> *Das gsatz truog er im hertzensgrund*
> *und lehret es mit seinem mund.*
> *Schau zuo, von seinen leffzen weit,*
> *wie süesser honig fliesst allzeit.*

Die von Anton Widenmann (1597–1641) verfasste und eigenhändig geschriebene Sammelhandschrift enthält neben Gelegenheitsdichtungen, Hymnen und Heiligenviten ein kurzes, um 1637 entstandenes, vorwiegend aus Ekkeharts Totenklage schöpfendes *Leben des säligen Notkeri Labeonis, Mönchen zue St.Gallen* (S. 551–554).

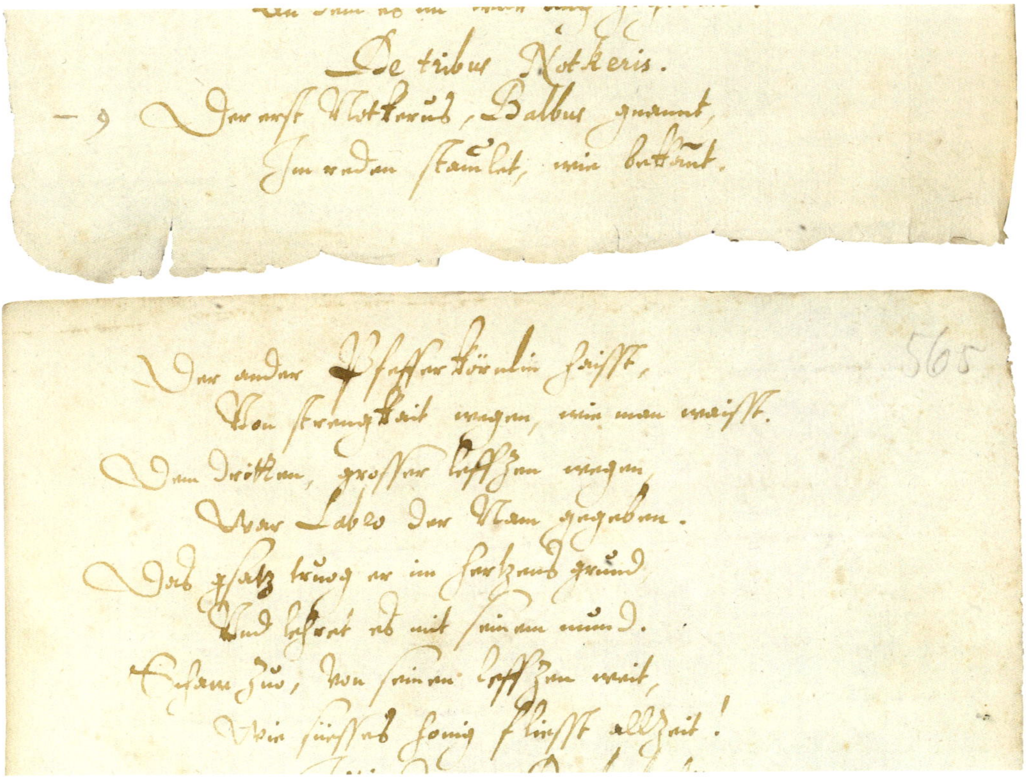


*Stiftsbibliothek St.Gallen, Handschrift Nr. 1257 (S. 564f.) – Papier – 613 (+ 17 unbeschriebene) Seiten – 20/21 x 16/16,5 – Kloster St.Gallen – 1637/41.*

# Texte der klassischen Antike

Mit Texten der klassischen Antike ist die Stiftsbibliothek nicht sehr reich ausgestattet. Herausragende Geltung besitzt der «Vergilius Sangallensis». Von dem um das Jahr 400 entstandenen Band mit den Werken des berühmten römischen Dichters Publius Vergilius Maro (70–19 v.Chr.) ist eine Anzahl von Fragmentblättern erhalten geblieben (Hs. Nr. 1394, S. 7–49). In Abschriften des 10. und 11. Jahrhunderts sind weitere klassische Werke vorhanden, u.a. von Cicero «Somnium Scipionis», «Topica», «De inventione» und «Rhetorica ad Herennium» (Hss. Nrn. 65, 818, 820, 830, 852, 854), von Seneca «Apocolocyntosis» und «Ad Lucilium» (Hss. Nrn. 569, 878), von Sallust «Bellum Catilinarium» und «Bellum Jugurthinum» (Hss. Nrn. 636, 864), die Oden des Horaz (Hs. Nrn. 864), von Lucan «Pharsalia» (Hss. Nrn. 863, 864), von Ovid «Ars Amatoria» und «Metamorphosen» (Hs. Nrn. 864, 866) und die Satyren des Juvenal (Hs. Nrn. 870, 871). Diese Texte zählen, von Ausnahmen abgesehen, nicht zu den textgeschichtlich herausragenden Überlieferungen der betreffenden Werke.

Von anderen Schriften des römischen Altertums hatte das Kloster St.Gallen wichtigste Überlieferungsträger besessen. Diese wurden in den Jahren 1416 und 1417 von den italienischen Frühhumanisten Poggio Bracciolini, Cencio Rustico und Bartolomeo da Montepulciano, die am Konzil von Konstanz teilnahmen, mit Erlaubnis des Abtes Heinrich von Gundelfingen (1411–1418) nach Italien weggeführt. Es lässt sich nicht mehr genau feststellen, welche Handschriften die Italiener bei ihren Besuchen in St.Gallen im Sommer 1416 und im Januar 1417 mitnahmen. Vermutlich gehörten dazu die «Argonautica» des Valerius Flaccus († um 92 n.Chr.), die «Punica» des Catius Silius Italicus († um 100 n.Chr.), der historische Kommentar des Asconius Pedianus (3–88 n.Chr.) zu Reden Ciceros und vielleicht auch eine vollständige Fassung der «Institutio oratoria» des Quintilian († um 96 n.Chr.). Die betreffenden St.Galler Codices sind heute bis auf Quintilian (siehe unten S. 40) verloren und nur als Abschriften des 15. Jahrhunderts erhalten.

Unter solchen Umständen schliessen einige der aus Zürich zurückgekehrten St.Galler Handschriften mit Klassikertexten empfindliche Lücken, wobei diese Lücken aber nicht nur durch den Toggenburgerkrieg von 1712, sondern vor allem auch dreihundert Jahre früher durch italienische «Handschriftenjäger» und einen nachgiebigen, wenig gebildeten Abt verursacht worden sind.

## Die St.Galler Horaz-Handschrift, ein Geschenk der Herzogin Hadwig?

Der in der apulischen Stadt Venusta geborene Quintus Horatius Flaccus (65 v.Chr.–8 v.Chr.) veröffentlichte im Jahr 23 v.Chr. die Bücher 1 bis 3 seiner Oden («Gedichte»), denen er einige Zeit später noch ein viertes Buch anfügte. Die sprachlich funkelnden Oden handeln in reicher Fülle über Liebe, Freundschaft und Tod. Sie gehören zu den bedeutendsten Dichtungen, die je in lateinischer Sprache geschaffen wurden. Im Mittelalter erfreuten sich die Werke des Horaz hoher Wertschätzung, nachdem sie durch Iren aus dem Kreis um Sedulius Scottus um die Mitte des 9. Jahrhunderts wiederentdeckt worden waren. Die Oden fanden Eingang in den Kanon der Schullektüre, und im 12. Jahrhundert stand Horaz an Beliebtheit neben Vergil an erster Stelle unter den antiken Dichtern.

Der Geschichtsschreiber Ekkehart IV. (um 980/90– um 1060) berichtet in seinen «St.Galler Klostergeschichten», dass sein Namensvetter und St.Galler Mönch Ekkehart II. († 990) als Privatlehrer der Herzogin Hadwig (um 939–994) auf der Burg Hohentwiel bei Singen Lateinunterricht erteilte. Als er einmal den jungen Klosterschüler und späteren Abt Purchart (1001–1022) mit sich nahm, schenkte Hadwig diesem beim Abschied «einen Horaz und einige andere Bücher, die jetzt in unserer Bibliothek sind» (c. 94). In der St.Galler Tradition soll es sich bei der Handschrift Nr. 864 um diesen «Horaz» aus dem Besitz der Herzogin Hadwig handeln. Dem steht allerdings entgegen, dass der Codex eher ins 11. Jahrhundert zu datieren ist. Das Manuskript, ein Sammelband, enthält weitere Werke der klassischen Antike: den ersten Teil von Lukans «Pharsalia» (S. 119–267), Sallusts «Coniuratio Catilinae» (S. 268–310), Auszüge aus dessen «Bellum Jugurthinum» (S. 310–349) sowie eine textgeschichtlich bedeutsame Abschrift von Ovids «Ars amatoria» (S. 350–396) und einen Auszug aus dessen «Metamorphosen» (S. 405). In der Stiftsbibliothek sind die Oden des Horaz in zwei weiteren Handschriften aus dem 12. und 15. Jahrhundert überliefert (Nrn. 868, 858).

Abgebildet und aufgeschlagen in der Ausstellung ist der Beginn der Oden des Horaz, mit der Zueignung des Werkes an Maecenas, den grosszügigen Gönner des Dichters.

*Stiftsbibliothek St.Gallen, Handschrift Nr. 864 (S. 7) – Pergament – 406 Seiten – 21,7 x 14,6 – Kloster St.Gallen – 11. Jahrhundert.*

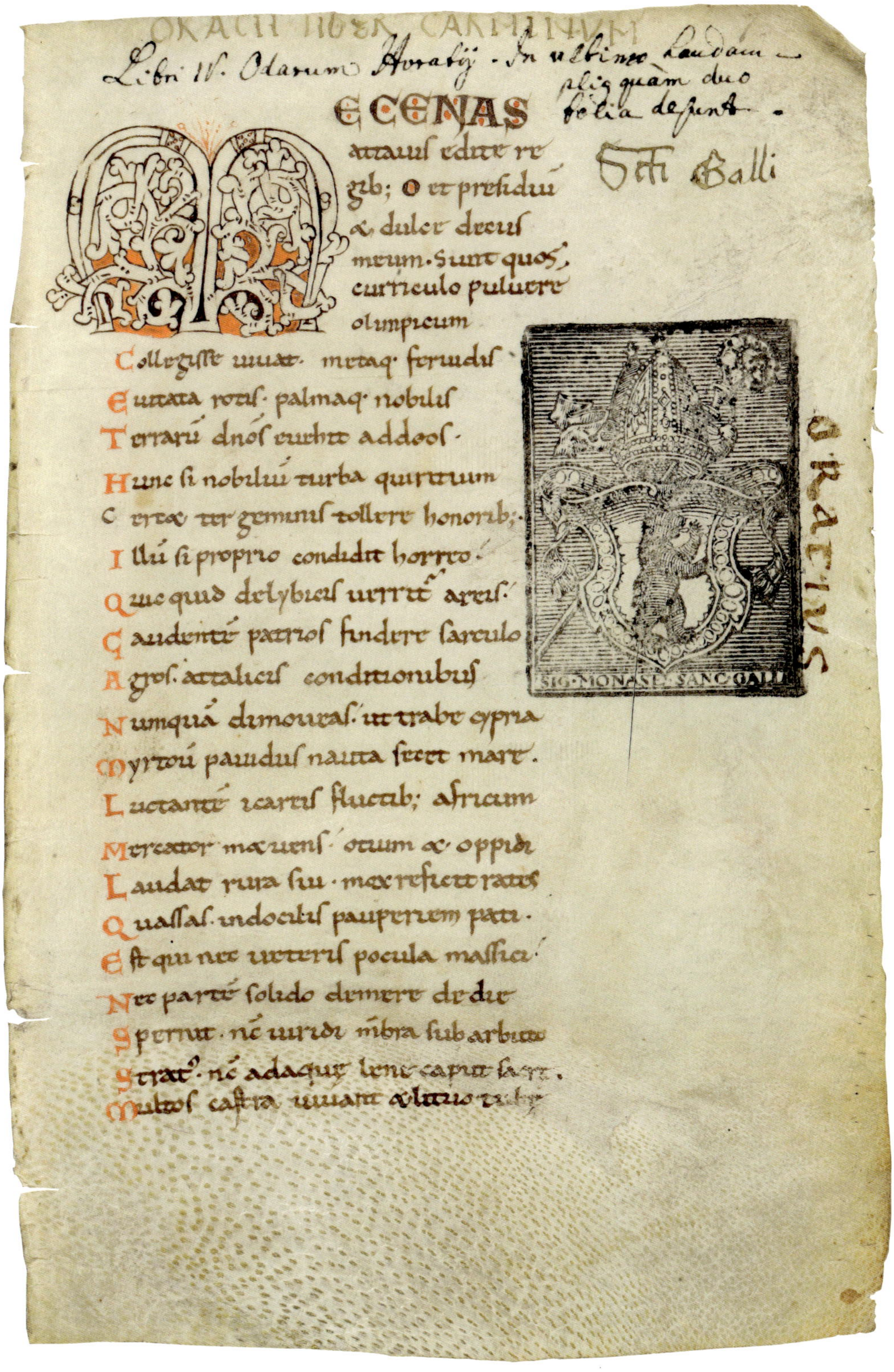
ORATII LIBER CARMINUM
Libri IV. Odarum Horatij - In ultimo laudam aliquam duo folia desunt.
MECENAS
atauis edite re
gib; o et presidiu
& dulce decus
meum. Sunt quos
curriculo puluere
olimpicum
Collegisse iuuat. metaq; feruidis
Euitata rotis. palmaq; nobilis
Terraru dnos euehit addeos.
Hunc si nobiliu turba quiritium
Certat tergeminis tollere honorib;
Illu si proprio condidit horreo.
Quicquid delybicis uerrit areis.
Gaudente patrios findere sarculo
Agros. attalicis conditionibus
Numqua dimoueas. ut trabe cypria
Myrtou pauidus nauta secet mare.
Luctante icariis fluctib; africum
Mercator metuens. otium & oppidi
Laudat rura sui. mox reficit rates
Quassas. indocilis pauperiem pati.
Est qui nec ueteris pocula massici.
Nec parte solido demere de die
Spernit. nc uiridi mbra sub arbuto
Strat. nc adaqua lene caput sacre.
Multos castra iuuant & lituo tubę
Sancti Galli
SIG·MONAST·SANC·GALLI
ORATIUS

# Eine Satire auf den verstorbenen Kaiser: Die «Apocolocyntosis» des römischen Philosophen, Dichters und Politikers Seneca

Lucius Annaeus Seneca d. J. wurde um Christi Geburt in Cordoba in Südspanien geboren und starb 65 n.Chr. Nach seiner rhetorischen Ausbildung in Rom ergriff er die Ämterlaufbahn und gelangte als Senator zu hohem Ansehen. Von Kaiser Claudius 41 n.Chr. nach Korsika verbannt, wurde er auf Betreiben von dessen Gattin Agrippina im Jahr 49 n.Chr. zurückgerufen und mit der Erziehung des Prinzen Nero, des Adoptivsohnes von Claudius, betraut. Dieser ernannte ihn nach seinem Regierungsantritt 54 n.Chr. zum Konsul und liess sich zunächst vom Philosophen führen. Nach der Ermordung seiner Mutter entzog sich Nero jedoch mehr und mehr Senecas Einfluss. 62 n.Chr. verliess Seneca den Hof, 65 n.Chr. wurde er, fälschlich der Teilnahme an der Pisonischen Verschwörung beschuldigt, von Nero zum Selbstmord gezwungen.

Senecas erhaltene Schriften aus der Zeit von 40 bis 65 zeigen ihn als von der stoischen Philosophie geprägten Denker. Dabei ging es ihm vor allem um die konkrete Lebensbewältigung mit Hilfe der Philosophie: Der Weise solle als Vernunftwesen im Einklang mit den Gesetzen der Natur leben und, allmählich von den alltäglichen Dingen befreit, Glück und Gelassenheit erlangen. Unter Senecas Werken nimmt die bissige Satire «Apocolocyntosis» eine Sonderstellung ein; die «Verkürbissung des Kaisers Claudius» ist eine gnadenlose Abrechnung mit den körperlichen und geistigen Gebrechen des Kaisers nach dessen Tod im Jahr 54 n.Chr. Als Parodie auf die Apotheose des Kaisers erzählt die «Apocolocyntosis» von seinem Tod, seiner Himmel- und Höllenfahrt, vorbei an seinem eigenen Leichenzug. In der Unterwelt verurteilt ihn der Totenrichter dazu, mit einem durchlöcherten Würfelbecher zu spielen. Seneca wollte mit seiner Satire den verhassten Herrscher lächerlich machen und nach dessen Tod literarisch und politisch vernichten. Von diesem Werk hat sich eine einzige Abschrift erhalten. Sie befindet sich in einem im 9./10. Jahrhundert entstandenen und bis heute in der Stiftsbibliothek aufbewahrten St.Galler Codex.

*Stiftsbibliothek St.Gallen, Handschrift Nr. 569, S. 243–251 (S. 243) – Pergament – 9 Seiten (ganze Handschrift 259 Seiten) – 23 x 18 – Frankreich? Fulda? – 9./10. Jahrhundert.*

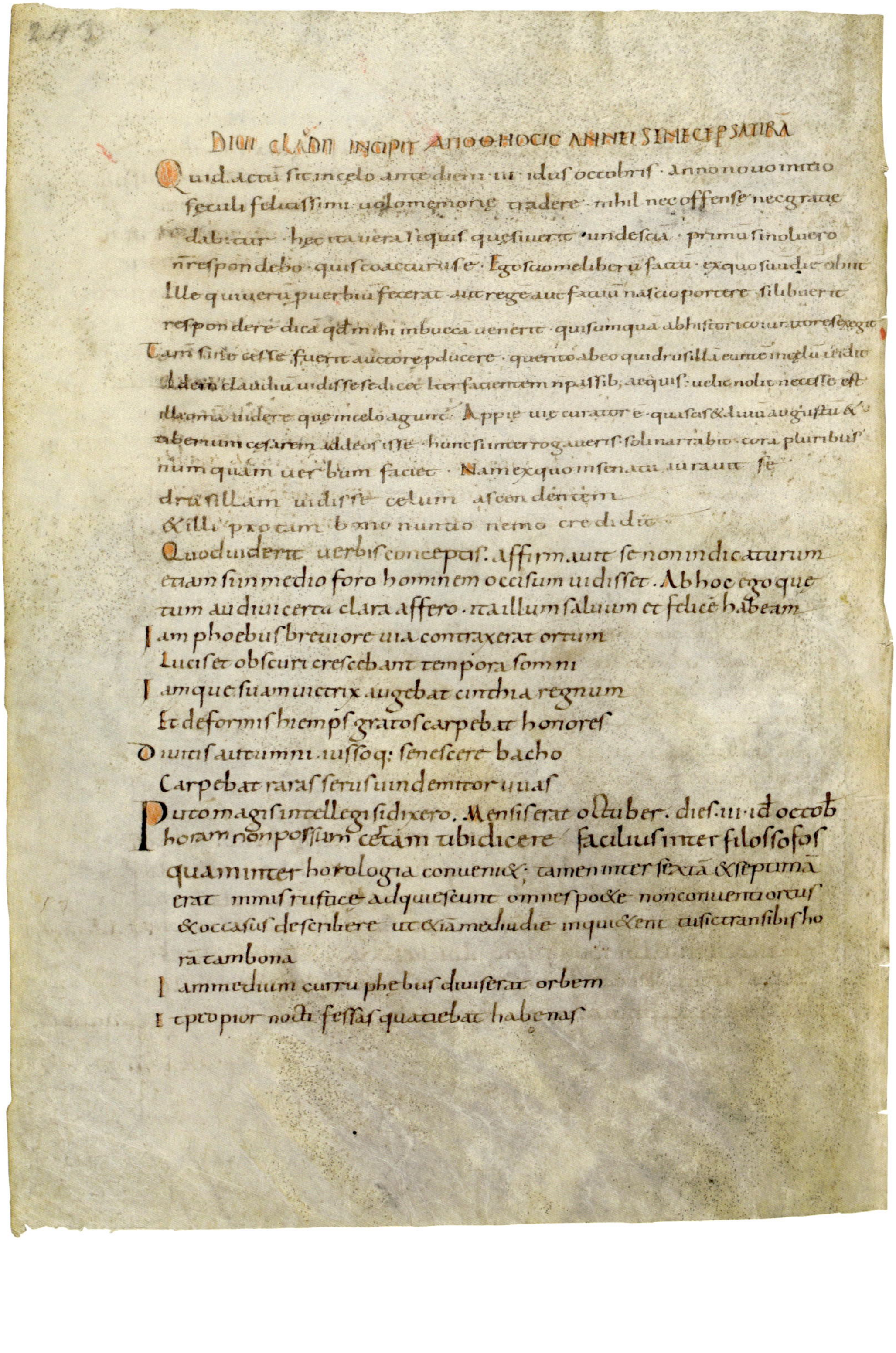

DIUI CLAUDII INCIPIT APOTHEOSIS ANNEI SENECE P SATIRA

Quid actum sit in celo ante diem III idus octobris anno nouo initio
seculi felicissimi uolo memorie tradere. nihil nec offense nec gratie
dabitur. hec ita uera si quis quesiuerit unde sciam primum si noluero
non respondebo. quis coacturus est? Ego scio me liberum factum ex quo suum diem obiit
ille qui uerum prouerbium fecerat aut regem aut fatuum nasci oportere. Si libuerit
respondere dicam quod mihi in buccam uenerit. quis umquam ab historico iuratores exegit
Tamen si necesse fuerit auctorem producere. querito ab eo qui drusillam euntem in celum uidit
idem claudium uidisse se dicet iter facientem non passibus aequis. uelit nolit necesse est
illi omnia uidere que in celo aguntur. Appie uie curator est. qua scis et diuum augustum et
tiberium cesarem ad deos isse. hunc si interrogaueris soli narrabit. coram pluribus
numquam uerbum faciet. Nam ex quo in senatu iurauit se
drusillam uidisse celum ascendentem
et illi pro tam bono nuntio nemo credidit
Quod uiderit uerbis conceptis affirmauit se non indicaturum
etiam si in medio foro hominem occisum uidisset. Ab hoc ego que
tum audiui certa clara affero. ita illum saluum et felicem habeam
Iam phoebus breuiore uia contraxerat ortum
Lucis et obscuri crescebant tempora somni
Iamque suum uictrix augebat cinthia regnum
Et deformis hiemps gratos carpebat honores
Diuitis autumni iussoque senescere bacho
Carpebat raras serus uindemitor uuas
Puto magis intellegi si dixero. Mensis erat october. dies III id octob
horam non possum certam tibi dicere. facilius inter filossofos
quam inter horologia conueniet. tamen inter sextam et septimam
erat. nimis rustice adquiescunt omnes poete non contenti ortus
et occasus describere ut etiam medium diem inquietent. tu sic transsilis ho
ram tam bonam
Iam medium curru phebus diuiserat orbem
Et propior nocti fessas quatiebat habenas

# Seneca und das frühe Christentum in Rom

Senecas Philosophie war religiös fundiert und monotheistisch orientiert. Gott ist nach ihm Schöpfer der Welt, Menschenfreund und Richter über alles. Von Anfang an fand daher Seneca die Wertschätzung der christlichen Schriftsteller. Hieronymus, Augustinus und andere zitieren aus seinen überlieferten und aus verlorenen Werken. So liegt die Annahme nicht fern, dass Seneca Christen persönlich gekannt und geachtet habe. Sein älterer Bruder Marcus Annaeus Novatus, später Lucius Iunius Gallio genannt, wird in der Apostelgeschichte (18, 12–16) im Prozess der Juden gegen Paulus als Beschützer des Apostels erwähnt. Es ist wahrscheinlich, dass Paulus um das hohe Ansehen Senecas in Rom wusste, und christliche Apokryphen setzen einen Briefwechsel zwischen den beiden voraus. So konnte ein unbekannter Autor des 3. oder 4. Jahrhunderts einen fingierten Briefwechsel schaffen, der mit der Aufforderung des Apostels endet, Seneca möge sich zum Fürsprecher der Christen machen. Hieronymus nahm Seneca unter Hinweis auf diese Korrespondenz in seinen *catalogus sanctorum* (Heiligenkatalog) auf, ohne ihn freilich als Christen anzusehen. Der Briefwechsel mit dem heiligen Paulus wurde weit verbreitet, er hat das Seneca-Bild des Mittelalters stark mitgeprägt und die Nachwirkung Senecas begünstigt.

Eine der ältesten Überlieferungen des Pseudo-Seneca-Briefwechsels mit dem Apostel Paulus befindet sich in der aus St.Gallen stammenden Zürcher Handschrift C 129. Es handelt sich um eine im 9. Jahrhundert entstandene Schularbeit. Der Seneca-Teil (fol. $97^{r}$–$99^{v}$) enthält als Prolog aus Hieronymus Werk «De viris illustribus» das Kapitel XII über Seneca, dann die 14 Briefe des Korpus und zum Schluss das «Epitaphium Senecae» (Abbildung). In dem von mehreren Händen geschriebenen Sammelband befinden sich weitere wichtige Texte, die hier nur summarisch genannt seien: der «Liber hermeneumatum», d.h. ein Bibelglossar in Reihenfolge der biblischen Bücher im Umfang von etwa 7'000 Zeilen (fol. $2^{r}$–$94^{r}$), eine Genealogie Karls des Grossen bis zu Ludwig dem Deutschen und zum Jahr 867 (fol. $95^{v}$–$96^{v}$), ein Notker Balbulus zugeschriebenes Brief-Exzerpt (fol. $101^{v}$–$102^{r}$), der Brief des Hippokrates an Antiochus (fol. $103^{v}$) und Exzerpte aus dem Buch VI der Etymologien des Isidor von Sevilla (fol. $104^{v}$–$105^{r}$).

*Zentralbibliothek Zürich, Ms. C 129 (fol. $97^{r}$–$99^{v}$; Abb. fol. $99^{v}$) – Pergament – 106 Blätter – 20 x 18,8 – Kloster St.Gallen – 9. Jahrhundert.*

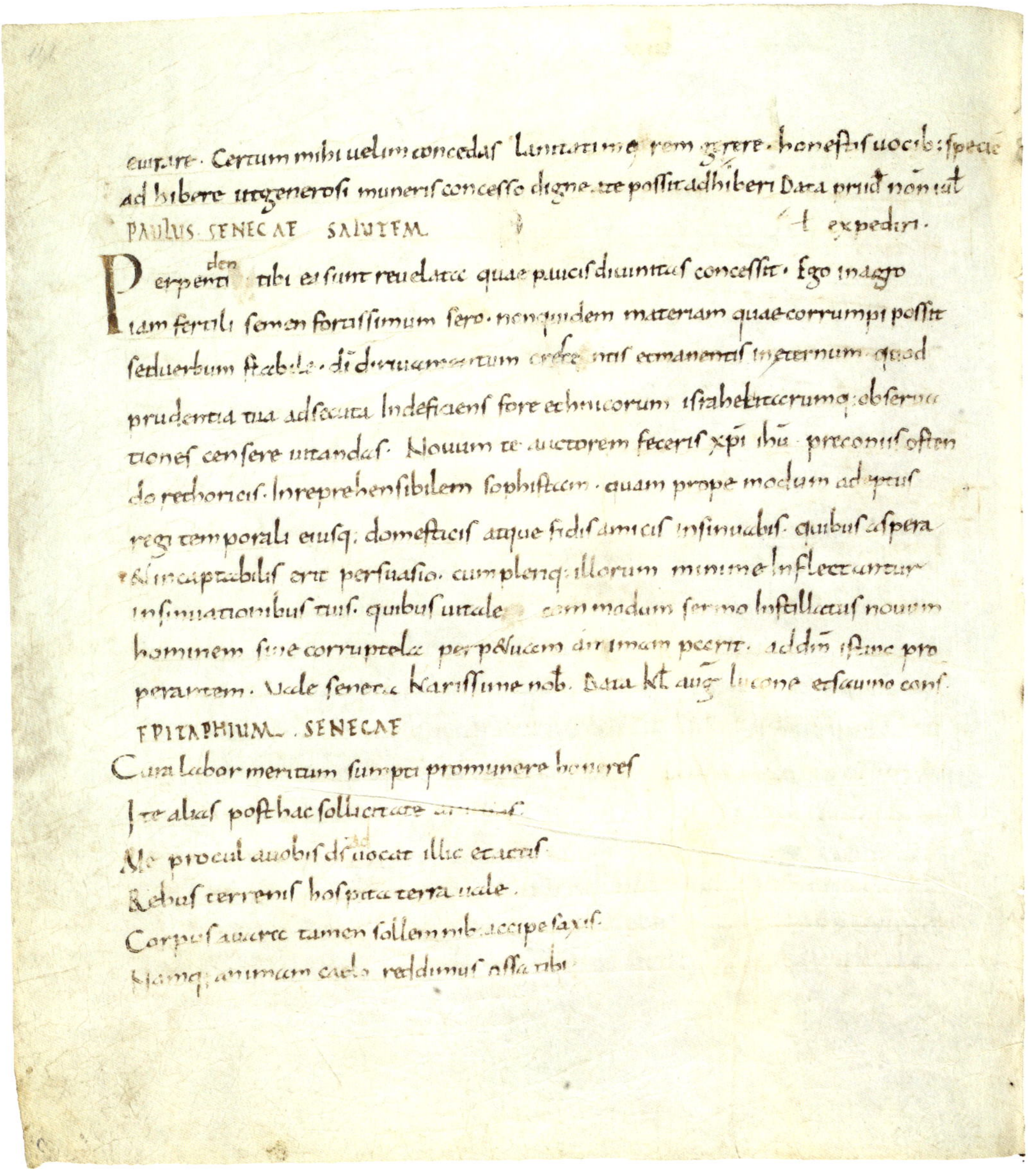

## Lukans «Bürgerkrieg» – Schullektüre in St.Gallen

Der früh verstorbene römische Dichter Marcus Annaeus Lucanus (geb. 39 n.Chr. in Cordoba in Südspanien, gest. 65 n.Chr. in Rom) trat als Neffe Senecas in die literarischen Fussstapfen seines Onkels. Die allzu enge Verbindung zum Kaiser Nero wurde auch ihm zum Verhängnis. Als er wegen seiner Kritik am kaiserlichen Freund mit einem Veröffentlichungsverbot belegt wurde, schloss er sich der Pisanischen Verschwörung an und musste nach deren Aufdeckung 65 n.Chr. Selbstmord begehen. Von seinem für seine kurze Lebenszeit erstaunlich umfangreichen Oeuvre ist neben einigen Fragmenten nur das Epos «Bellum civile» («Bürgerkrieg»), auch «Pharsalia» («Das Gebiet um die Stadt Pharsalus») genannt, überliefert. Das unvollendete historische Epos in zehn Büchern beschreibt die Kämpfe zwischen Pompeius und Caesar bis zur Schlacht bei Thapsus und zum Selbstmord Catos in Utica im April 46 v.Chr. Zeitlos ist im Werk Lukans, wie in der «Aeneis» Vergils, dem anderen grossen historischen Epos Roms, die exemplarische Darstellung von Grenzsituationen menschlichen Verhaltens.

Der «Bürgerkrieg» ist auf breiter Textgrundlage ins Mittelalter gelangt und fand im 8./9. Jahrhundert Eingang ins Karolingerreich. Im 10. Jahrhundert wurde Lukan zu dem nach Vergil und Ovid meistgelesenen Schulautoren der klassischen Antike. Der anspruchsvolle Schultext blieb bis in die Barockzeit beliebt, und Dichter von der Spätantike bis Goethe schöpften aus dem Werk. In der Stiftsbibliothek St.Gallen ist Lukans «Pharsalia» in der Handschrift Nr. 863 aus dem 10. Jahrhundert vollständig erhalten, ausserdem als unvollständige Abschrift in der Handschrift Nr. 864 aus dem 11. Jahrhundert. Der «St.Galler Lukan» (Hs. Nr. 863) weist die Besonderheit auf, dass der Text durch einige leicht kolorierte Federzeichnungen illustriert ist: S. 47 am Rand der Hafen von Brindisi mit zwei Nymphen (Abbildung), S. 78 ganzseitig ein Turm, S. 230 und S. 234 am Rand einfache Weltkarten und S. 77 eine ganzseitige Darstellung der Seeschlacht von Massilia (Marseille). Diese Zeichnungen dienten zur Veranschaulichung von Textstellen für die Schüler.

*Stiftsbibliothek St.Gallen, Handschrift Nr. 863 (S. 47) – Pergament – 270 Seiten – 22,6 x 16 – Kloster St.Gallen – 10./11. Jahrhundert.*

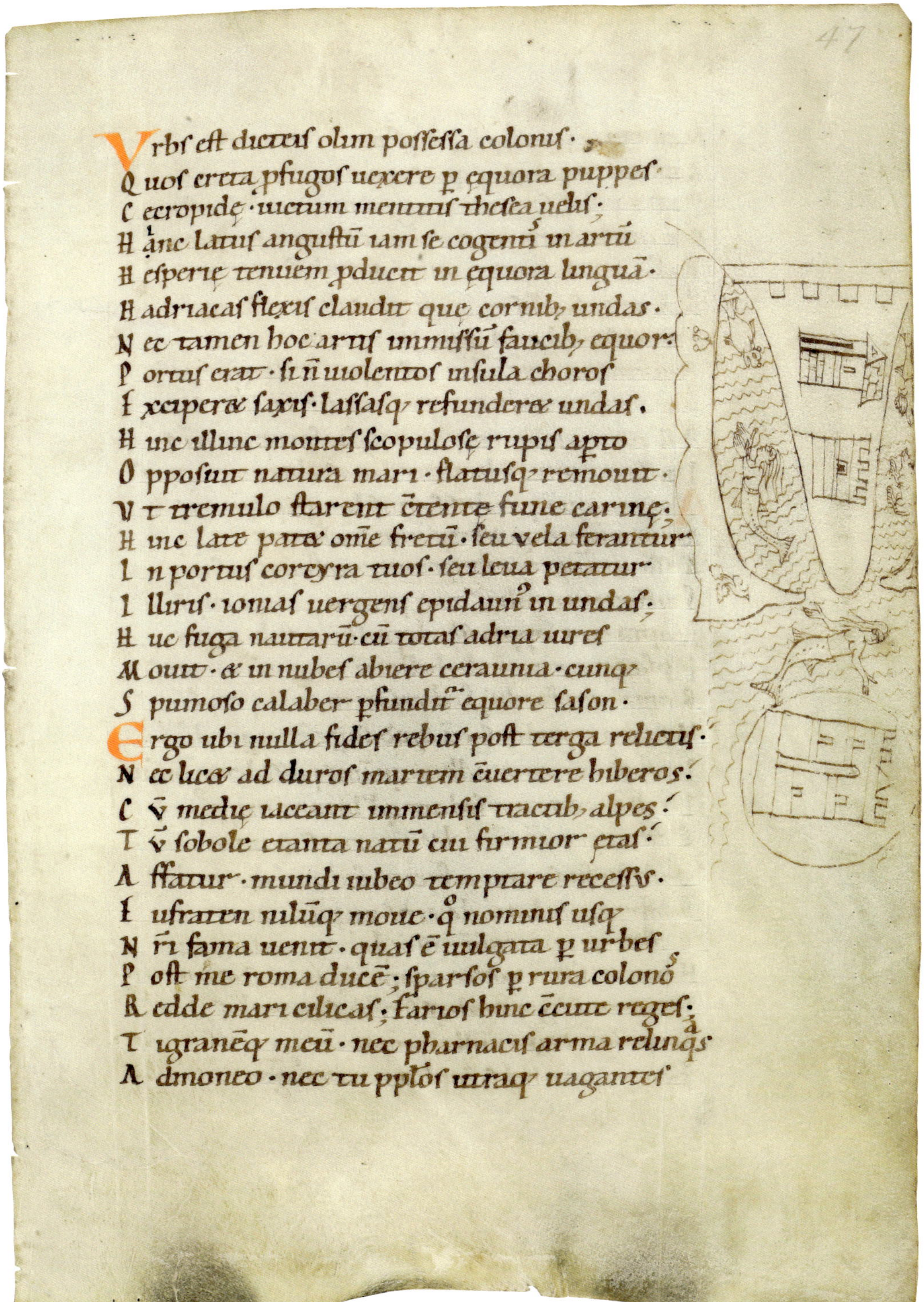
47

Urbs est dictaeis olim possessa colonis ·
Quos creta profugos vexere per equora puppes·
Cecropidę · victum mentitis thesea velis;
Hanc latus angustum iam se cogentis in artum
Hesperię tenuem producit in equora linguam·
Hadriacas flexis claudit que cornibus undas·
Nec tamen hoc artis immissum faucibus equor
Portus erat · si non violentos insula choros
Exciperet saxis · lassasque refunderet undas.
Hinc illinc montes scopulosę rupis aperto
Opposuit natura mari · flatusque removit·
Ut tremulo starent contenta fune carinę.
Hinc late patet omne fretum · seu vela ferantur
In portus corcyra tuos · seu leva petatur
Illiris · ionias vergens epidamnos in undas;
Huc fuga nautarum · cum totas adria vires
Movit · et in nubes abiere ceraunia · cumque
Spumoso calaber perfunditur equore sason·
Ergo ubi nulla fides rebus post terga relictis·
Nec licet ad duros martem convertere hiberos·
Cum medię iaceant immensis tractibus alpes·
Tum sobole e tanta natum cui firmior etas·
Affatur · mundi iubeo temptare recessus·
Eufraten nilumque move · quo nominis usque
Nostri fama venit · quas est vulgata per urbes
Post me roma ducem; sparsos per rura colonos
Redde mari cilicas; farios hinc concite reges;
Tigranemque meum · nec pharnacis arma relinquas
Admoneo · nec tu populos utraque vagantes

# Das Bildungsprogramm des Quintilian

Marcus Fabius Quintilianus wurde um 35 n.Chr. im nordspanischen Calagurris geboren und starb nach 96 n.Chr. Als Rhetoriklehrer und Anwalt genoss er zu Lebzeiten hohes Ansehen in Rom. Bei der Nachwelt steht sein Name für das Werk, die «Institutio oratoria» («Unterweisung des Redners»), die umfassendste und ausführlichste antike Darstellung der Redekunst. Quintilian verfasste dieses Werk im Ruhestand. Die «Institutio oratoria» bietet eine Darstellung der Ausbildung des Redners von frühester Jugend bis zur Vollendung. Dabei bildet die Einheit zwischen dem vollkommenen Redner und dem sittlichen Menschen die Grundlage seiner Erziehung. Ihr letztes Ziel ist der gebildete Mensch, der seine durchgeformte, wirkungsmächtige Sprache in den Dienst der Humanität stellt. Das Bild des vollkommenen Redners, der allseitig gebildet und ethisch unanfechtbar erscheint, wird im letzten und 12. Buch beschrieben, während das 10. Buch einen Abriss der griechischen und römischen Literaturgeschichte enthält.

Das Werk diente bis ins 18. Jahrhundert als Grundlage des Rhetorikunterrichts; im Bildungswesen des Mittelalters und der Renaissance wurde Quintilian als unumstrittene Autorität anerkannt. Lange Zeit waren allerdings nur unvollständige Fassungen bekannt. Es erregte daher in Gelehrtenkreisen grosses Aufsehen, als Poggio Bracciolini im Sommer 1416 in St.Gallen einen vollständigen Text fand und ihn abschrieb; darüber berichtete er an Guarino Guarini. In der Forschung ist umstritten, ob es sich dabei um die heutige Zürcher Handschrift C 74a handelt, wie seit Jean Mabillon (1632–1707) hin und wieder vertreten wird, oder ob sich allenfalls noch ein zweiter «Quintilian» in der Klosterbibliothek befunden hat. Ms. C 74a ist jedenfalls nicht nach Italien abgewandert, sondern blieb bis 1712 in St.Gallen und ist auch im Bibliothekskatalog von 1461 aufgeführt. Die Handschrift stammt aus dem 11. Jahrhundert und wurde von verschiedenen Händen geschrieben. Sie enthält einige marginale und zahlreiche interlineare Zusätze und Korrekturen Ekkeharts IV. (um 980/90 – um 1060), der möglicherweise auch als Schreiber des letzten Kapitels an ihrer Entstehung beteiligt war. Abgebildet ist Blatt 166$^{r}$, der Beginn von Buch VII, versehen mit verschiedenen Glossen Ekkeharts IV.

*Zentralbibliothek Zürich, Ms. C 74a (fol. 166$^{r}$) – Pergament – 304 Blätter – 25,0 x 19,7 – Kloster St.Gallen – 11. Jahrhundert.*

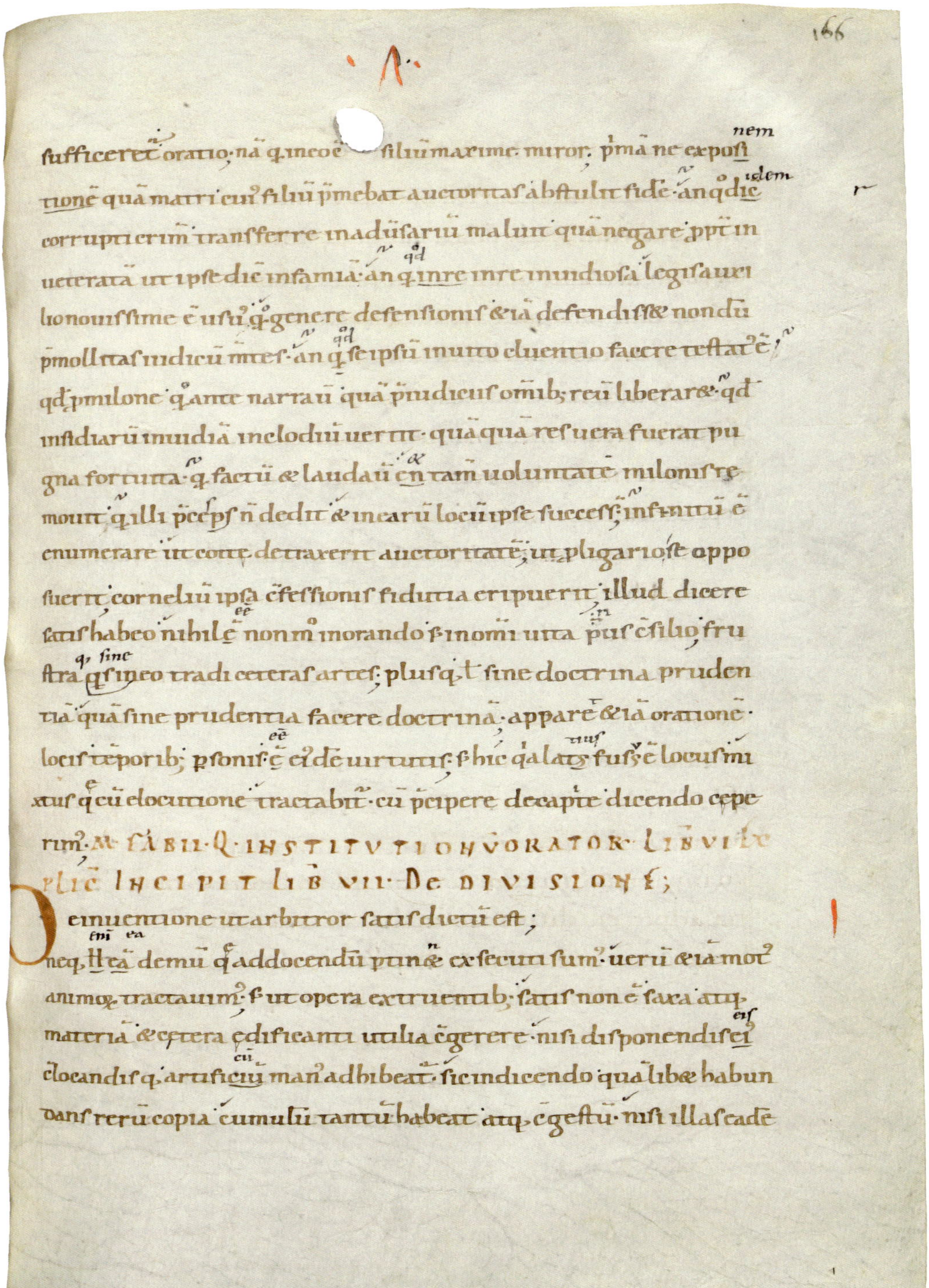
166
M. FABII · Q · INSTITUTIONV ORATOR · LIB VI EXPLIC
INCIPIT LIB VII · DE DIVISIONE ;

## Die «Geschichten von Theben» des Statius

Publius Papinius Statius wurde um 40/50 n.Chr. in Neapel geboren und starb nach Mitte 95 n.Chr. Er ist ein Vertreter des Manierismus in der frühkaiserzeitlichen römischen Literatur und der bedeutendste lateinische Epiker nach Ovid. Sein Hauptwerk ist die «Thebaïs», ein Epos in 12 Büchern über den Zug der Sieben gegen Theben und über den Zwist der Ödipussöhne Eteocles und Polynices. Polynices war von seinem Bruder widerrechtlich von der Herrschaft über Theben ausgeschlossen worden und zog mit seinen Verbündeten gegen Theben, um den Herrschaftsanspruch mit Gewalt durchzusetzen.

Das Vorbild des Statius war Vergils «Aeneis», der er im Aufbau und in der sprachlichen Gestaltung folgt. Im Mittelpunkt des Werkes steht der Mensch zwischen den Extremen der Menschlichkeit und Unmenschlichkeit. Sein Handeln wird auf der einen Seite bestimmt von Unterwelts- und Kriegsdämonen, auf der anderen Seite von personifizierten Mächten des Guten. Die Tugenden müssen vom Menschen verwirklicht werden, dadurch kann er die Kette des Verhängnisses durchbrechen. Die «Thebaïs» war in der Antike und im Mittelalter Schullektüre. Sie beeinflusste die epische Dichtung der Spätantike (Claudian) und der Renaissance (Petrarca, Boccaccio, Chaucer). Dante schöpfte aus dem Mythen- und Bilderreichtum der Thebaïs und machte Statius zusammen mit Vergil zum Führer im Purgatorium.

Der Sammelband C 62 der Zentralbibliothek Zürich besteht aus drei verschiedenen Teilen aus dem 10. bis 12. Jahrhundert; davon enthält der erste Teil (fol. $2^r$–$194^r$ aus dem 11. Jahrhundert) die «Thebaïs» des Statius. Das Werk dürfte in St.Gallen geschrieben worden sein und ist mit zahlreichen Glossen versehen, die wahrscheinlich vom St.Galler Schulmeister und Geschichtsschreiber Ekkehart IV. (um 980/90–um 1060) stammen.

*Zentralbibliothek Zürich, Ms. C 62 (fol. $2^r$–$194^r$; Abb. fol. $2^r$) – Pergament – 194(+39) Blätter – 26,5 x 19,7 – Kloster St.Gallen – 11. Jahrhundert.*

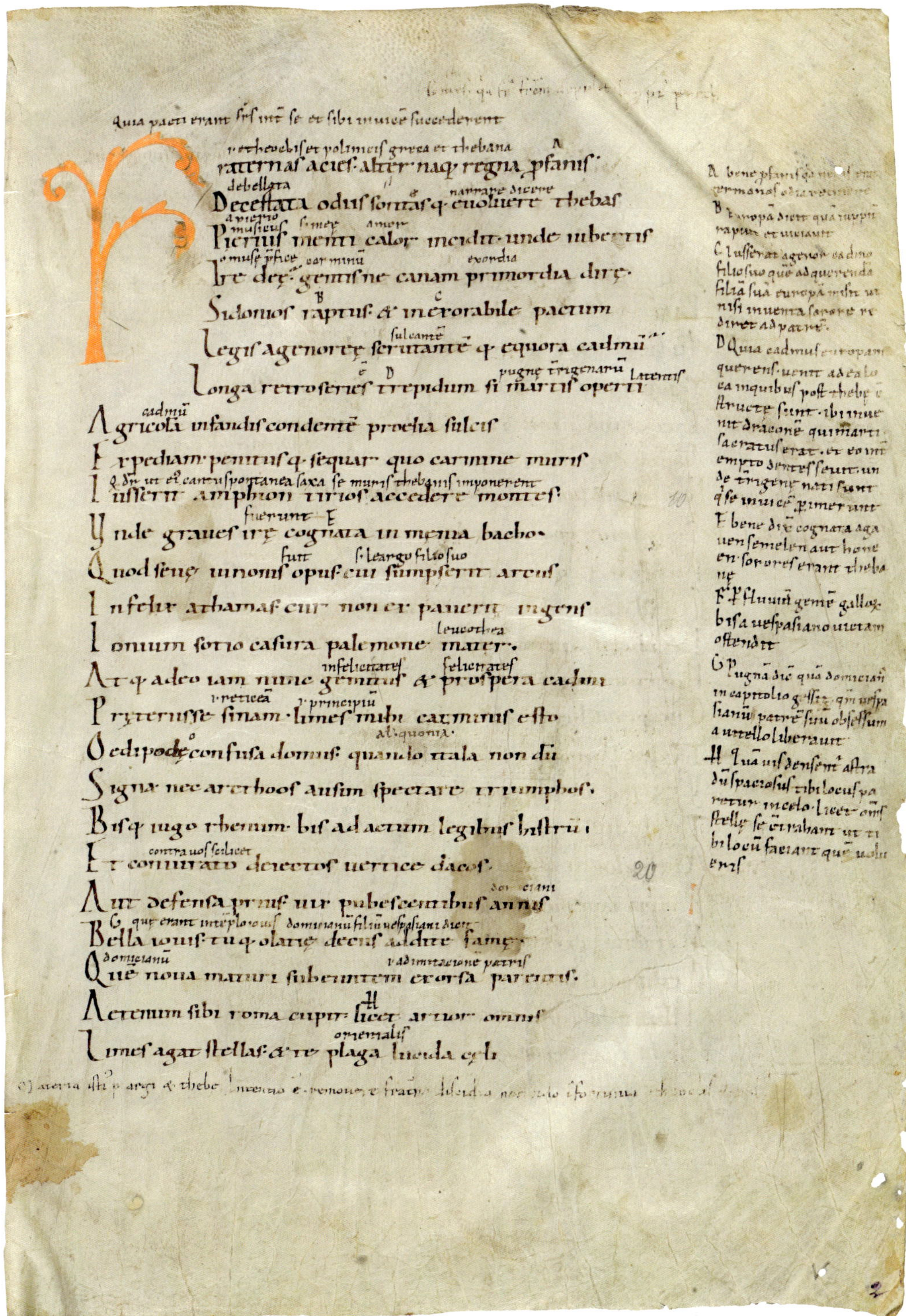

Fraternas acies alternaq; regna p(ro)fanis
Decertata odiis sontesq; evolvere thebas
Pierius menti calor incidit unde iubetis
Ire deae gentisne canam primordia dirae
Sidonios raptus & inexorabile pactum
Legis agenoreae scrutantemq; equora cadmu(m)
Longa retro series trepidum si martis operti
Agricolam infandis condentem proelia sulcis
Expediam penitusq; sequar quo carmine muris
Iusserit amphion tyrios accedere montes
Unde graves irae cognata in menia bacho
Quod seve iunonis opus cui sumpserit arcus
Infelix athamas cur non expaverit ingens
Ionium socio casura palemone mater
Atq; adeo iam nunc gemitus & prospera cadmi
Praeteriisse sinam limes mihi carminis esto
Oedipode confusa domus quando itala non du(m)
Signa nec arctoos ausim spectare triumphos
Bisq; iugo rhenum bis adactum legibus histru(m)
Et coniurato deiectos vertice dacos
Aut defensa prius vix pubescentibus annis
Bella iovis tuq; o latiae decus addite famae
Quae nova maturi subeuntem exorsa parentis
Aeternum sibi roma cupit licet artior omnis
Limes agat stellas & te plaga lucida caeli

# Die Satiren des Juvenal – Schullektüre in St.Gallen

Decimus Iunius Iuvenalis, aus dem kampanischen Aquinum stammend, lebte um 60–140 n.Chr. Er ist der letzte herausragende Satirendichter Roms, seine 16 Satiren bestimmen das Bild der europäischen Satire bis heute. Für Juvenal ist der absolute Tiefpunkt römischer Moral erreicht, die Nachwelt werde keine neuen Laster mehr erfinden. Inspiriert von der Empörung über solche Zustände, stellt er seinem Publikum unterhaltsam die Eigenarten der römischen Gesellschaft, das Treiben hoffnungslos und unwiederbringlich korrumpierter Menschen, dar und stellt an diese die moralischen Massstäbe einer vorbildlichen Vergangenheit.

Im Mittelalter gehörte Juvenal zu den Schulautoren. Davon zeugen mehrere hundert überlieferte Handschriften und Kommentare. In der Stiftsbibliothek haben sich ein Manuskript aus dem 11. Jahrhundert mit den Satiren, die hier in 5 Bücher gegliedert sind (Hs. Nr. 871), sowie ein Manuskript aus dem 9. Jahrhundert zusammen mit den Scholien (erläuternde Notizen) zu allen Satiren, ebenfalls in 5 Bücher gegliedert, erhalten (Hs. Nr. 870). Die ausgestellte Handschrift Nr. 871 ist von mehreren gleichzeitigen Händen auf den Seiten 3–18 und 115–154 in etwas kleinerer Schrift mit sehr dichter lateinischer interlinearer Glossierung und marginaler Kommentierung, die den Text teilweise auf drei Seiten umgibt, versehen worden. Es ergibt sich daraus das typische Bild einer kommentierten Klassikerhandschrift des 11. Jahrhunderts. Die Glossen wurden wohl in St.Gallen von den Schulmeistern eingetragen.

*Stiftsbibliothek St.Gallen, Handschrift Nr. 871 (S. 3) – Pergament – 170 Seiten – 23 x 18,5 – Kloster St.Gallen – 11. Jahrhundert.*

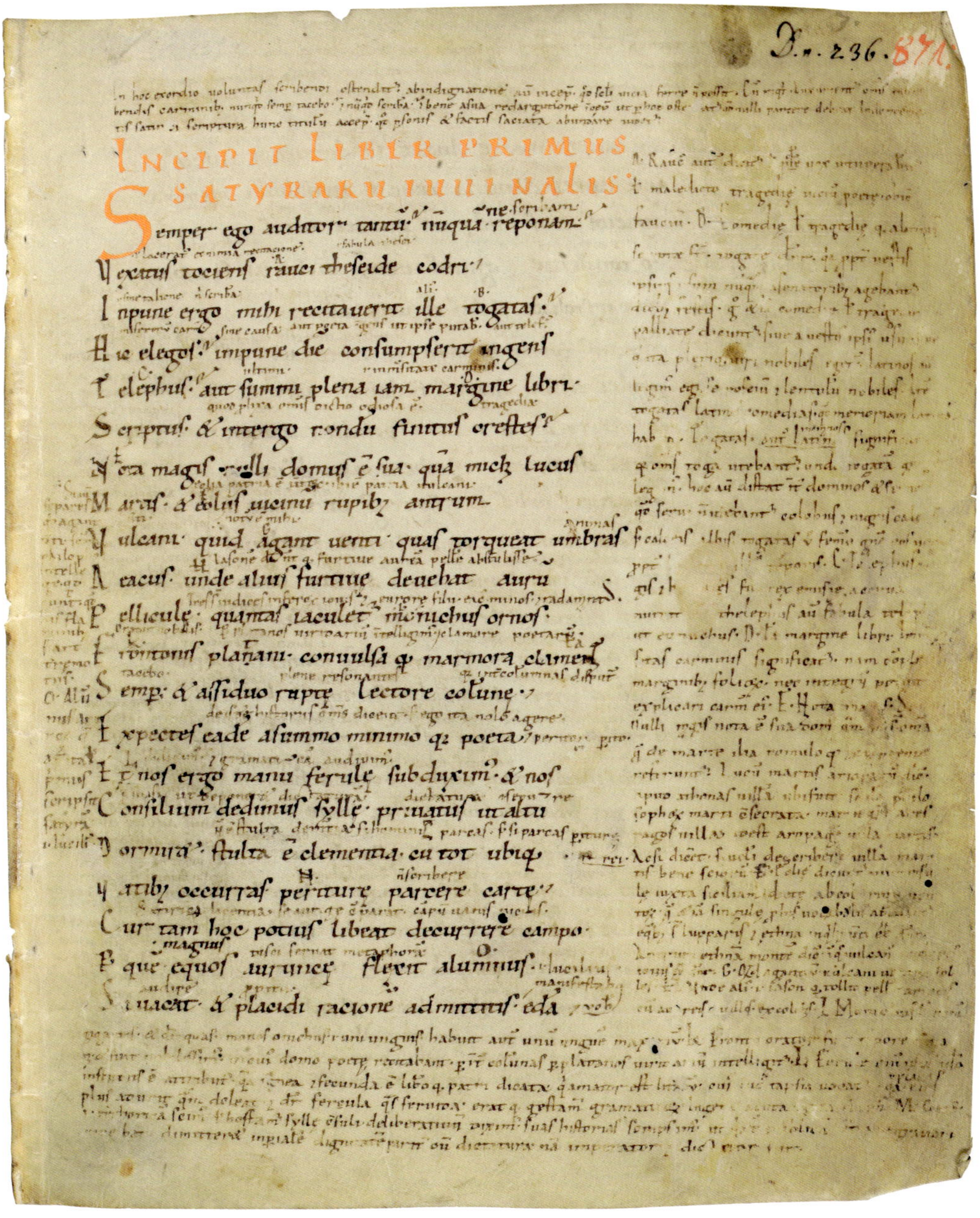

D. n. 236. 871.

INCIPIT LIBER PRIMUS
SATYRARU IUUENALIS

Semper ego auditor tantū nunquā reponam
Vexatus totiens rauci theseide codri
Inpune ergo mihi recitauerit ille togatas
Hic elegos impune diē consumpserit ingens
Telephus aut summi plena iam margine libri
Scriptus & in tergo necdū finitus orestes
Nota magis nulli domus ē sua quā mihi lucus
Martis & eoliis uicinū rupibꝫ antrum
Vulcani quid agant uenti quas torqueat umbras
Aeacus unde alius furtiue deuehat aurū
Pelliculę quantas iaculetur monichus ornos
Frontonis platani conuulsaq; marmora clamant
Semp & assiduo ruptę lectore columnę
Expectes eadē asummo minimo q; poeta
Et nos ergo manū ferulę subduximꝰ & nos
Consilium dedimus syllę priuatus ut altū
Dormiret stulta ē clementia cū tot ubiq;
Vatibꝫ occurras periturę parcere cartę
Cur tamē hoc potius libeat decurrere campo
Per quē magnus equos aurunce flexit alumnus
Si uacat & placidi rationē admittitis edā

# Liturgica

Die letzten zwei Drittel des 9. Jahrhunderts und das frühe 10. Jahrhundert gelten allgemein als die grosse Blütezeit des Klosters St.Gallen. Dies spiegelt sich in einer reichen und vielfältigen Buchproduktion. Bibliothek und Schule waren die geistigen Mittelpunkte des Klosters und die Orte seiner Gelehrsamkeit. Das eigentliche Zentrum des klösterlichen Lebens bildete allerdings die Kirche, wo die Mönchsgemeinschaft den Gottesdienst feierte und das Stundengebet verrichtete. Dafür entstand eine Vielzahl von glanzvollen liturgischen Handschriften; in ihnen vereinigte sich das Können der Schreiber und Buchkünstler zu höchster Vollendung.

Die erste künstlerische Blüte unter Abt Gozbert (816–837) wird mit dem Namen Wolfcoz in Verbindung gebracht. Zu den herausragenden Werken der so genannten Wolfcoz-Gruppe gehören nicht nur der «Wolfcoz-Psalter» (Hs. Nr. 20) und das «Wolfcoz-Evangelistar» (Hs. Nr. 367) in der Stiftsbibliothek, sondern auch der «Zürcher Psalter» in der Zentralbibliothek Zürich (Ms. C 12), der nach dreihundert Jahren wieder nach St.Gallen zurückgekehrt ist. Diese frühen Zeugnisse der St.Galler Initialkunst aus der Zeit zwischen 820 und 845 orientieren sich noch stark an insularen, irischen und englischen Vorbildern und sind in einer für St.Gallen charakteristischen breiten alemannischen Minuskel geschrieben.

In der zweiten Hälfte des 9. Jahrhunderts erreichte die Buchkunst unter den Äbten Grimald (841–872), Hartmut (872–883) und Salomon III. (890–920) in eigenständiger Entwicklung eine Qualität, die St.Gallen zu einer der herausragenden künstlerischen Stätten in spätkarolingischer Zeit machte. Die Mönche Folchart, Sintram und Tuotilo schufen unter anderem den Folchart-Psalter (Hs. Nr. 23), das Evangelium longum mit seinen goldverzierten Elfenbeineinbänden (Hs. Nr. 53) und das Gundis-Evangelistar (Hs. Nr. 54). Diese Werke bestechen sowohl durch die regelmässig-ausgewogene Schrift begabter Kalligraphen als auch durch Hunderte verschiedenartiger Initialen aus Gold und Silber mit Pflanzendekor und Fabeltieren von höchster Qualität. Mit drei aus Zürich zurückgekehrten Handschriften, dem «Perikopenbuch» Ms. C 60, dem «Liber Comitis» Ms. C 77 und dem «Sacramentarium triplex» Ms. C 43, schliessen sich die Jahrhunderte langen Lücken und fügt sich die Sammlung der Stiftsbibliothek für das «Goldene Zeitalter» St.Gallens zu einem Ganzen.

# Der «Zürcher Psalter» mit der ältesten Miniatur aus St.Gallen

Wie der Klosterchronist Ekkehart IV. (um 980/90–um 1060) berichtet, befanden sich im Chor der Klosterkirche Prachtpsalterien. Sie wurden von den Mönchen täglich gebraucht: «Und damit du den frommen Geist unseres Klosters auch am Psalmodieren erkennst, so verfügte es über dreizehn Sitze mit Psalterien, die entweder mit Gold bemalt oder sonstwie edel gestaltet waren» (c. 42). Zu diesen wahrscheinlich an Personen und Chorsitze gebundenen Psalterien gehörte auch der «Zürcher Psalter» C 12. Im 12. Jahrhundert war er bereits so sehr abgenutzt, dass ein Restaurator namens Heinrich mehrere Seiten ergänzte. Er dürfte das älteste, zwischen 820 und 830 entstandene Werk des Wolfcoz sein.

Die künstlerische Ausstattung umfasst neben reichem Initialschmuck, der noch vom linearen, merowingischen Stil beeinflusst ist, aber schon auf die spätere Entfaltung im St.Galler Skriptorium hinweist, die früheste und einzige noch gut erhaltene Deckfarbenminiatur aus St.Gallen im 9. Jahrhundert. Sie befindet sich am Ende der ersten Psalmentriade, nach dem Busspsalm 50 auf Blatt $53^r$ (Abbildung). Dargestellt ist die Strafpredigt des Propheten Nathan vor König David, wobei auf den Titulus von Psalm 50 Bezug genommen wird: «Dem Musikmeister, ein Psalm von David, als der Prophet Nathan zu ihm kam, nachdem er bei Bathseba eingedrungen war». König David hatte seinen Heerführer Urias an der Front sterben lassen und mit dessen Frau Bathseba Ehebruch begangen. Der König wirft sich in Reue vor dem mit verzierten Stoffen umhangenen Altar nieder. Dahinter erhebt der mahnende Prophet die Hände zu Gott, dessen Hand oben aus dem Himmelssegment als Zeichen der Vergebung herabragt. Links ist Davids Haus zu sehen. Diese Miniatur ist im Bereich der figürlichen Buchmalerei ein Erstlingswerk für St.Gallen. Auf Grund stilistischer Merkmale sind italienische Einflüsse nicht auszuschliessen. Das Bild will nicht bloss eine historische Szene darstellen: die Begegnung der beiden Männer. Es ist vielmehr ein Sinnbild, «der Betrachter wird in das Bildgeschehen einbezogen, Reue, Busse, Rückkehr gehen jeden etwas an» (Eggenberger).

*Zentralbibliothek Zürich, Ms. C 12 (fol. $53^r$) – Pergament – 169 Blätter – 31,3 x 23 – Kloster St.Gallen – 820/30.*

contritum & humiliatū ds̄ n̄ despi
Benigne fac dn̄e in bona uo ciet.
luntate tua sion: & aedificen
tur muri hierusalem.
Tunc acceptabis sacrificium iusti
tiae: oblationes & holocausta:
tunc inponent super altare tu
um uitulos:

# Prachtslektionare, von Zeitgenossen Sintrams ausgeschmückt (1)

Dem von Sintram geschaffenen Evangelium longum (Hs. Nr. 53) sind schreib- und initialkünstlerisch die beiden Zürcher Lektionare C 60 und C 77, entstanden um 900–910, in die Nähe zu rücken. An ihnen waren verschiedene Schreiber beteiligt. Im Manuskript C 60 sind die Epistel- und Evangelienlesungen für die Messfeier getrennt, d.h. zuerst nach den Festtagen des Kirchenjahres *(Proprium de tempore)* und dann nach den Heiligenfesten *(Proprium de sanctis)* gegliedert. C 77 hingegen bietet nach älterem Brauch im Jahreskreis gemischte Proprien. Daraus geht hervor, dass im St.Galler Skriptorium unter Abt-Bischof Salomon III. (890–920) offenbar eine ältere und eine jüngere Generation mit der Herstellung von Prachthandschriften beschäftigt waren, die manchmal Hand in Hand arbeiteten.

Das Lektionar C 60 ist unvollständig überliefert, es beginnt mit den letzten Worten der Weihnachtsepistel. Obwohl die einst sicher schönen Zierseiten des Vorspanns mit dem «Liber generationis» (Stammbaum Christi) verloren sind, ist die Handschrift ein einheitliches und vollkommenes Werk. Titel, Initialen, ausgezeichneter Textbeginn und karolingische Minuskelschrift stimmen miteinander überein. Grosse Initialen und feierliche Titel eröffnen die Texte zu den Hochfesten, z.B. zu Karsamstag und Ostern (Abbildung: Beginn des Matthäusevangeliums zum Karsamstag). Die Raumverhältnisse zwischen Titel, Initialen und nachfolgenden Zeilen harmonieren, so dass der Eindruck entsteht, die Initialen und Auszeichnungsschriften seien von einer Hand gemacht. Die Handschrift ist zusammen mit dem Manuskript C 77 der Zentralbibliothek Zürich (siehe unten S. 52) ein wichtiges, relativ seltenes Zeugnis für den Typus eines Prachtslektionars mit Episteln und Evangelienperikopen.

*Zentralbibliothek Zürich, Ms. C 60 (fol. 123$^{v}$) – Pergament – 315 Blätter – 26 x 20 – Kloster St.Gallen – 900/10.*

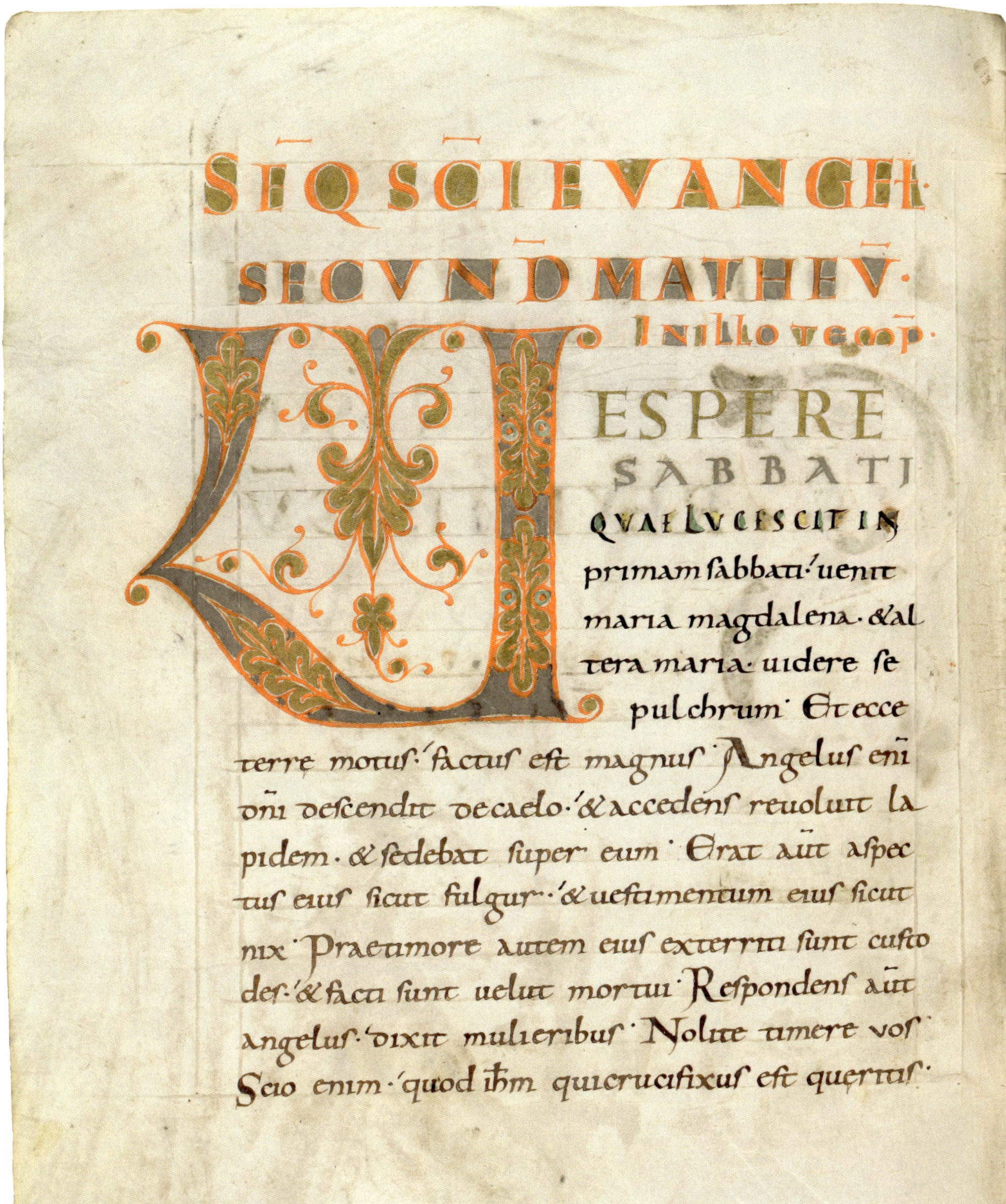
SEQ SCI EVANGELII
SECUNDUM MATHEU.
In illo temp.
VESPERE
SABBATI
QUAE LUCESCIT IN
primam sabbati. uenit
maria magdalena. & al
tera maria. uidere se
pulchrum. Et ecce
terrę motus. factus est magnus. Angelus enī
dn̄i descendit de caelo. & accedens reuoluit la
pidem. & sedebat super eum. Erat aūt aspec
tus eius sicut fulgur. & uestimentum eius sicut
nix. Prae timore autem eius exterriti sunt custo
des. & facti sunt uelut mortui. Respondens aūt
angelus. dixit mulieribus. Nolite timere uos.
Scio enim. quod ihm qui crucifixus est queritis.

# Prachtslektionare, von Zeitgenossen Sintrams ausgeschmückt (2)

Das Zürcher Lektionar C 77 ist wie die eben vorgestellte Handschrift C 60 mit dem von Sintram geschaffenen Evangelium longum (Hs. Nr. 53) bezüglich Schrift und Initialkunst nahe verwandt, dürfte aber etwas jünger als das um 895 entstandene Evangelium longum und auf 900–910 zu datieren sein. Die fein kalligraphierte Handschrift enthält die Lesungen und Evangelientexte für die Messfeier im Jahreskreis. Im Unterschied zur Zürcher Handschrift C 60 hat der Schöpfer dieses Perikopenbuchs die Lesungen und Evangelien für die Festtage und die Heiligenfeste noch nach älterem Brauch gemischt. Viele Texte sind nur mit ihren Anfängen und mit Verweisen angegeben, daher wird diese Sammlung auch als «Liber Comitis» bezeichnet. Am Ende des Bandes befinden sich die Lesungen für spezielle Feiern wie die Kirchweihe, andere Weihen und die Totenmesse.

Der Initialenmaler ist derselbe wie in C 60, die Übereinstimmung der Initialen in Technik und Stil etwa zu den Oster- und Pfingstlesungen ist verblüffend. Es dürfte sich in beiden Fällen um ein und denselben Künstler aus dem Umfeld von Sintram, dem Schöpfer des Evangelium longum, handeln. Hingegen scheint der Schreiber aufgrund seiner «barocken» Schrift, im Vergleich zum «klassizistischen» Initialstil (von Euw), ein bereits älterer Mönch gewesen zu sein, der noch zum Kreis Folcharts gehört. Abgebildet ist der Beginn der Epistel zur Vigil von Weihnachten.

*Zentralbibliothek Zürich, Ms. C 77 (fol. 11ʳ) – Pergament – 371 Blätter – 25,8 x 18,5 – Kloster St.Gallen – 900/10.*

LEC EPIST BEATI PAULI
APOSTOLI AD ROMANOS
FRS
PAU
LUS SER
UUS IHU XPI
UOCATUS APO
STOLUS SEGRE
GATUS IN EUANGELIUM DI

## Das *Sacramentarium triplex*, eine wissenschaftliche Meisterleistung

In einem Sacramentarium sind die Gebetstexte enthalten, die der Bischof oder der Priester bei der Messe an den verschiedenen Fest- und Gedenktagen zu sprechen hat. Von alters her gibt es in der abendländischen Kirche unterschiedliche liturgische Traditionen, die sich in verschiedenen Sakramentarien niedergeschlagen haben, die römische Liturgie im «Sacramentarium Gregorianum», die römisch-gallische Liturgie im «Sacramentarium Gelasianum» und die mailändische Liturgie im «Sacramentarium Ambrosianum». Es zeugt vom hohen Niveau des wissenschaftlichen Lebens in St.Gallen vor dem Ungarneinfall von 926, dass man es unternahm, eine Sakramentar-Harmonie von Gregorianum, Gelasianum und Ambrosianum zu schaffen. Die grossformatige Handschrift von 632 Seiten Umfang entstand unter Salomon III. (890–920) oder noch eher unter seinem gelehrten Nachfolger Abt Hartmann (922–925).

Nach den Festtagen und Heiligenfesten im Jahreskreis (*Proprium de tempore* und *Proprium de sanctis*) und dem *Commune sanctorum*, d.h. den Texten, die an den Festen bestimmter Gattungen von Heiligen verwendet werden können, enthält das *Sacramentarium triplex* die Votivmessen zu verschiedenen Anlässen wie Kirchweihe, Allerheiligen, Eheschliessung, Begräbnis und schliesslich eine Reihe von Nachträgen und Zusätzen, darunter auf Blatt $281^{v}$ den dem Notker Balbulus zugeschriebenen Hymnus *Omnes superni ordines*. Die Handschrift weist nur wenig Initialschmuck auf; eine der drei grossen Initialen, die D-Initiale zum Fest des heiligen Gallus (fol. $211^{v}$), ist neben der Erwähnung der St.Galler Heiligen im Messkanon ein sicherer Hinweis für die Entstehung im Galluskloster (abgebildet ist fol. $211^{r}$ mit den Gebeten zum Gallusfest vom 16. Oktober). Die Messen sind jeweils mit rubrizierten Titeln in Rustica überschrieben: *Missa Ambrosiana, Missa Gelasiana, Alia missa Gregoriana*, wobei die Messtexte des (römischen) Gregorianums im Allgemeinen nicht ausgezeichnet werden.

*Zentralbibliothek Zürich, Ms. C 43 (fol. $211^{r}$) – Pergament – 316 Blätter – 29,8 x 22,5 – Kloster St.Gallen – 900/25.*

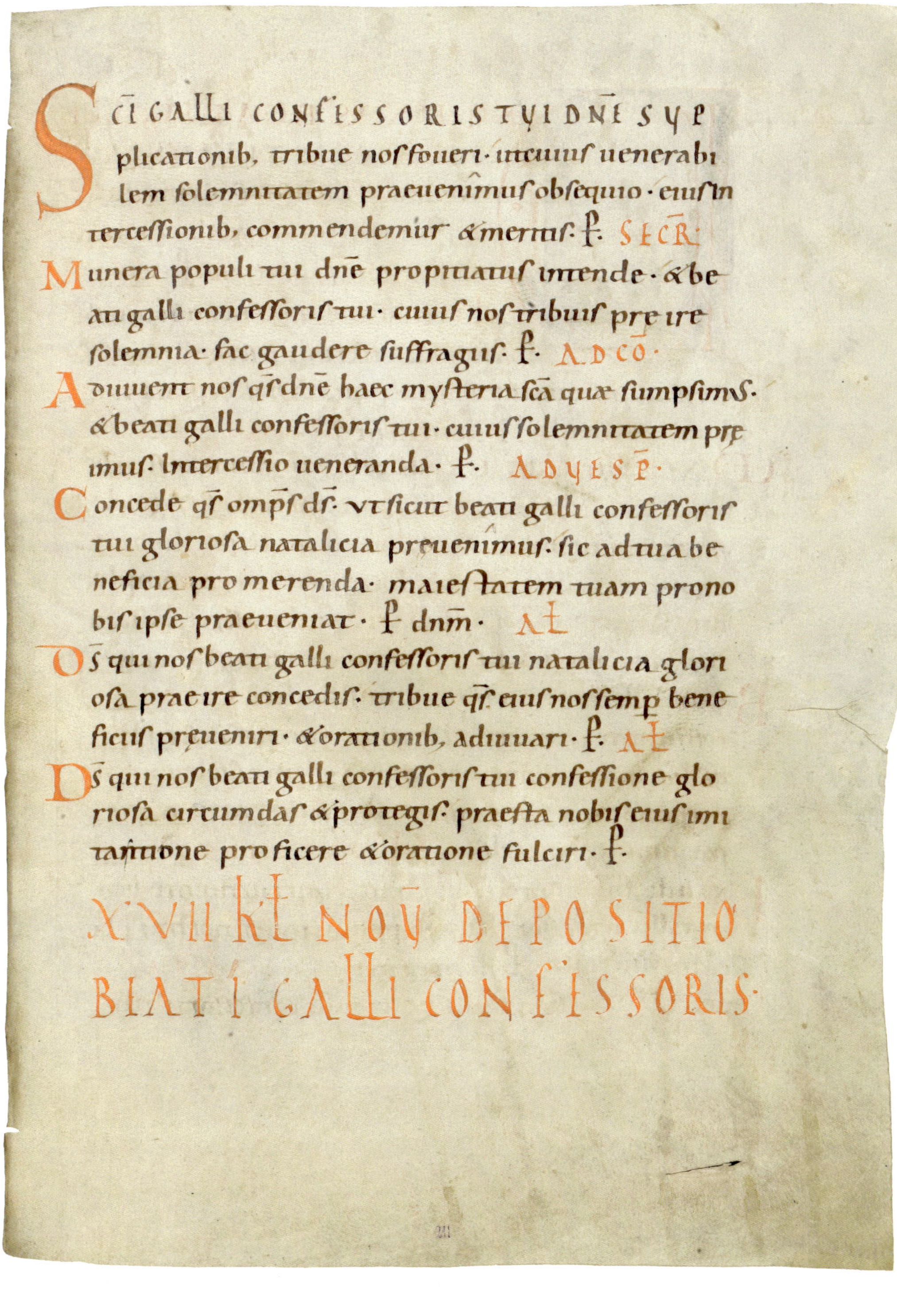
SCI GALLI CONFESSORIS TUI DNE SUP
plicationib, tribue nos foueri · ut cuius uenerabi
lem solemnitatem praeuenimus obsequio · eius in
tercessionib, commendemur & meritis · P. SECR.
Munera populi tui dne propitiatus intende · & be
ati galli confessoris tui · cuius nos tribuis pre ire
solemnia · fac gaudere suffragiis · P. AD CO.
Adiuuent nos qs dne haec mysteria sca quae sumpsimus ·
& beati galli confessoris tui · cuius solemnitatem pre
imus · Intercessio ueneranda · P. AD UESP.
Concede qs omps ds · ut sicut beati galli confessoris
tui gloriosa natalicia preuenimus · sic ad tua be
neficia promerenda · maiestatem tuam prono
bis ipse praeueniat · P dnm · AL.
Ds qui nos beati galli confessoris tui natalicia glori
osa praeire concedis · tribue qs eius nos semp bene
ficiis preueniri · & orationib, adiuuari · P. AL.
Ds qui nos beati galli confessoris tui confessione glo
riosa circumdas & protegis · praesta nobis eius imi
tatione proficere & oratione fulciri · P.
XVII KL NOV DEPOSITIO
BEATI GALLI CONFESSORIS.

# Ein St.Galler Tropar des 10. Jahrhunderts

Die frühmittelalterlichen Musikhandschriften der Stiftsbibliothek vom 10. bis ins frühe 12. Jahrhundert geniessen in der Forschung internationale Anerkennung. Einige von ihnen sind in die abendländische Musikgeschichte eingegangen, wie das so genannte St.Galler Cantatorium (Hs. Nr. 359) oder die Handschriften Nrn. 381 und 484. Sie enthalten das Gesangs-Repertoire, wie es damals im Galluskloster in Blüte stand. Viele der Texte und Melodien wurden von einheimischen Mönchen des 9. und 10. Jahrhunderts geschaffen, etwa von Notker Balbulus, Tuotilo, Ratpert, Ekkehart I., Notker dem Arzt oder Waltram.

Unter den Musikhandschriften ist Codex 484 die kleinstformatige. Die Handschrift enthält das um 930/40 gesungene Repertoire an Tropen (poetisch-musikalische Dichtungen, die den Gesängen der Messe hinzugefügt wurden), Ordinariumsgesängen und Sequenzenmelodien. Sie war für die Hand des Kantors (Vorsängers) bestimmt, der den Sängern durch seine Winke (auf Griechisch Neuma) die Melodie andeutete. Die deswegen Neumen genannten Notationen wurden zwischen den Textzeilen oder am Rand des Textes mit kleinen Zeichen notiert, die der Kantor zu lesen und schöpferisch zu interpretieren verstand. Die Neumen aus St.Gallen gehören mit jenen aus Metz, Aquitanien, Benevent und Nordfrankreich zu den ältesten und berühmtesten ihrer Art.

Die Titelseite (S. 4) der Handschrift hebt in eleganter roter Majuskelschrift an:

*INCIPIUNT TROPI CARMINUM IN DIUERSIS FESTIUITATIBUS MISSARUM CANENDI*

Es beginnen die Tropen zu den Messgesängen, die an den verschiedenen Festtagen zu singen sind.

*Stiftsbibliothek St.Gallen, Handschrift Nr. 484 (S. 4/5) – Pergament – II + 321 Seiten – 10 x 8,5 – Kloster St.Gallen – 930/40.*

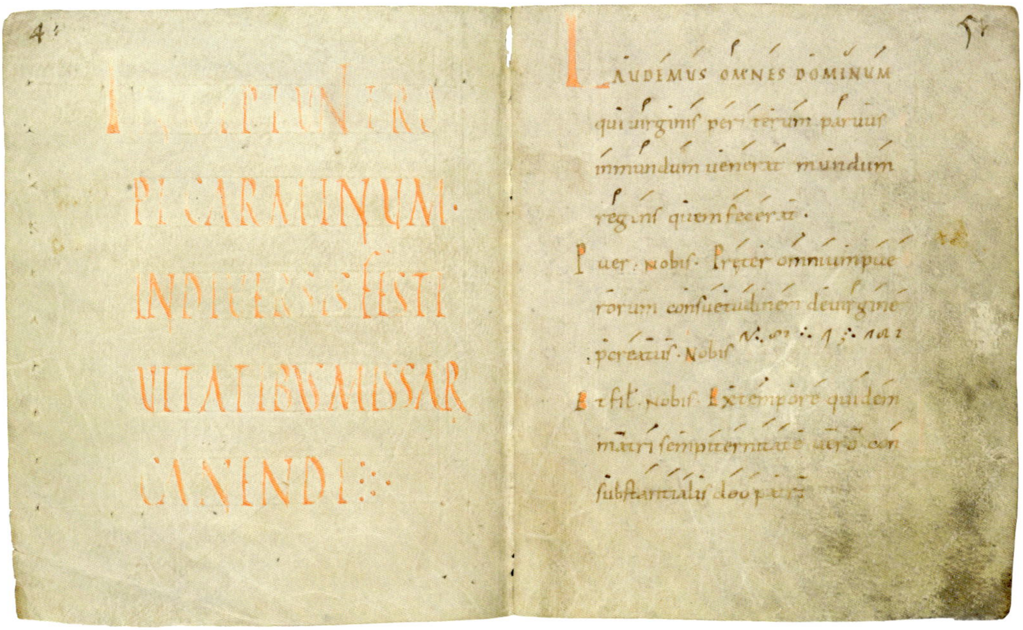
LAUDEMUS OMNES DOMINUM

# Eine Handschriften-Neuerwerbung: Das persönliche Gebetbuch eines St.Galler Mönchs

Im Frühsommer 2006 konnte die Stiftsbibliothek an einer Auktion in New York eine spätmittelalterliche Gebetshandschrift erwerben. Bei der kleinformatigen Pergamenthandschrift handelt es sich um ein lateinisches Stundenbuch, bestehend aus einem Marienoffizium (fol. $1^r$–$45^v$) und einem Totenoffizium (fol. $46^r$–$68^v$). Das Marienoffizium ist unvollständig, da die ersten Seiten fehlen; auch das vorangehende Kalendar ist verloren. An das Totenoffizium schliessen sich Gebete für die Jahrzeiten von Priestern, Äbten und anderen Verstorbenen (fol. $69^r$–$98^v$) sowie Ablassgebete (fol. $99^r$–$111^v$) an.

Das Büchlein ist von einem Berufsschreiber in einer gepflegten gotischen Buchschrift geschrieben und in die Zeit des ausgehenden 15. Jahrhunderts zu datieren. Geschmückt ist es mit zahlreichen, teilweise mit Blattgold ausgeführten Initialen sowie auf einzelnen Seiten mit farbigem Rankenwerk im Blattrand. Besonders kostbar ist der Ledereinband, ein Lederschnitteinband, wobei die Verzierung zuerst als Zeichnung aufgetragen und dann mit dem Messer in das erwärmte, aufgeweichte Leder geschnitten wurde. Auf der Vorder- und Rückseite sind der heilige Petrus und der heilige Paulus dargestellt, beide in einen Rahmen aus Rankenwerk gestellt. Der Künstler, dessen Monogramm S auf der Vorderseite eingeschnitten ist, ist von der Forschung bisher nicht identifiziert worden. Solche Einbände mit Lederschnitt wurden vom 14. bis ins frühe 16. Jahrhundert fast ausschliesslich im deutschen Sprachgebiet geschaffen und sind recht selten. Die Stiftsbibliothek besitzt nur ein einziges weiteres Exemplar, den Lederschnitt-Einband am Stifterbuch des Klosters Allerheiligen in Schaffhausen (Handschrift Nr. 604).

Hinweise auf das Kloster St.Gallen als Herkunftsort finden sich spärlich: Im Totenoffizium werden neben Maria und Benedikt einzig die heiligen Gallus und Otmar angerufen (fol. 56–59). Am Beginn dieses Offiziums zeigt eine historisierende Initiale einen Totenkatafalk, gesäumt von zwei Benediktinermönchen, von denen der Mönch im Vordergrund ein Gebetbuch für das Totenoffizium hält (Abbildung). Dass der Auftraggeber und erste Besitzer ein Mönch gewesen sein muss, geht auch aus Rubriken hervor, die das Singen im Chor, die Fürbitte für verstorbene Mitbrüder und Äbte oder das Herantreten an den Altar betreffen (fol. $59^v$). Hinweise auf Namen von Besitzern und auf die Geschichte dieses Stundenbuchs finden sich keine, abgesehen vom Ex Libris des Bierbrauers Cornelius J. Hauck (1893–1967) aus Cincinnati, aus dessen Sammlung die Pergamenthandschrift zum Verkauf gelangte.

*Stiftsbibliothek St.Gallen, Handschrift Nr. 2107 (fol. $46^r$) – Pergament – 111 Blätter – 15 x 10,5 – Schreiber im Auftrag eines Mönchs des Klosters St.Gallen(?) – um 1500.*

Incipiunt vespere mortuorum
Dilexi quoniam ex
audiet dominus
vocem orationis
mee Quia in
clinavit aurem
m̄ et in diebus meis invocabo
Circumdederunt me dolores
mortis et pericula inferni in
venerunt me Tribulacionem
et dolorem inveni et nomen
domini invocavi O domine libera
animam meam misericors dominus et
iustus et deus noster miseretur
Custodiens parvulos dominus
humiliatus sum et liberavit me
Convertere anima mea in re

# Der gelehrte St.Galler Mönch Gall Kemli (1417–um 1481)

Im St.Galler Wandermönch Gallus oder Gall Kemli begegnet uns eine gut dokumentierte und erforschte, ebenso weltoffene und geistig aufgeschlossene wie eigenwillige Persönlichkeit aus der vorreformatorischen Zeit. Rund dreissig Handschriften aus seinem privaten Besitz, die er teils gesammelt, teils selber geschrieben hat, liefern Hinweise zu seiner rastlosen Biographie, zu seinem breiten Wissen und seinem kompromisslosen Charakter. Einer im 15. Jahrhundert mehrfach bezeugten St.Galler Familie entstammend, wurde er 1428 noch als Kind dem geistig-monastisch darniederliegenden, ausser vom Abt nur noch von einem einzigen Mönch bewohnten Galluskloster übergeben, wo er unter Abt Eglolf Blarer (1426–1442) verschiedene Reformversuche miterlebte. Im Jahr 1441 erhielt er die Priesterweihe, zwei Jahre später verliess er nach einem ihn enttäuschenden Abtswechsel das Kloster und begann ein mehr als 35 Jahre dauerndes Wanderleben, das ihn, abgesehen von einer vorübergehenden Rückkehr Anfang der Siebzigerjahre, erst im Jahre 1480 zurück nach St.Gallen führte, wo ihn im Klostergefängnis bald der Tod ereilt haben dürfte.

Beat von Scarpatetti charakterisiert das ebenso unstete wie selbstbewusste Wesen Gall Kemlis aufgrund verschiedener persönlicher Eintragungen in den erhaltenen Handschriften folgendermassen: «Er ist nur dem Namen nach Mönch, ein Fremder im Lande, schreibt hastig, illustriert mit Federzeichnungen selbst, fürchtet den Neid seiner Umwelt und sagt deshalb nicht, dass er ein Werk zusammengetragen habe, weil er sonst krankhaften Neid hervorrufen würde; er subskribiert deshalb in Geheimschrift am Rand. Inmitten chronikalischer Notizen lässt er sein eigenes Curriculum einfliessen.»

# Entwurf einer Selbstbiographie: Das Curriculum vitae Gall Kemlis

Im Jahr 1476/77 schrieb der St.Galler Mönch Gall Kemli eine Art Autobiographie nieder, enthalten in einer Sammelhandschrift vor allem historischen Inhalts. Diese erlaubt es, rund fünfzig Jahre seines Lebens zu rekonstruieren.

Die Notizen, möglicherweise als Entwurf zu einer umfassenderen Selbstbiographie angelegt, beginnen mit dem Eintritt des Elfjährigen 1428 ins Kloster St.Gallen, das sich zu jenem Zeitpunkt an einem geistig-monastischen und ökonomischen Tiefpunkt befand. Als junger Mönch erlebte er verschiedene Reformversuche Abt Eglolf Blarers (1426–1442) zur Verbesserung der inneren Zustände. Im Jahr 1441 wurde Kemli zum Priester geweiht, zwei Jahre später jedoch verliess er das Kloster, dessen mangelnde Ordnung anmahnend. In den folgenden Jahren führte ihn sein Weg in die Klöster Erlach (Kt. Bern) und Sponheim, nach Mainz und Heidelberg. Im Jahr 1470 kehrte er vorübergehend nach St.Gallen zurück, kritisierte aber die unter Abt Ulrich Rösch herrschenden sittenlosen Zustände *(meretricium et prostituciones, adulteria et fornicationes)* scharf. Für einige Monate zog Kemli ins Kloster Allerheiligen in Schaffhausen, mit dessen Abt er sich allerdings auch nicht verstand, war 1473 Pfarrer in der Gemeinde Tegernau im Schwarzwald und 1475 Beichtiger bei den Lollardenschwestern in einer Einsiedelei in Nessental(?). Von da aus gelangte er nach Freiburg im Üchtland, wo er bis zu seiner alsbaldigen Wegweisung durch die Lebensgefährtin des Komturs als Pleban bei den Johannitern wirkte. Mit dem Aufenthalt Kemlis als Pfarrer und Beichtvater bei einer Schwesterngemeinschaft möglicherweise in Baden und Würenlingen (Kt. Aargau) brechen die biographischen Aufzeichnungen ab. Anderweitige Erwähnungen lassen Kemlis erneute Rückkehr im Jahr 1480 in sein Stammkloster St.Gallen ergänzen, wo er sich sofort wieder mit Abt Ulrich Rösch überwarf. Er starb um 1481 in Kerkerhaft.

Neben dem Curriculum vitae, das der Handschrift auf dem Kopf stehend eingebunden ist, woraus die rückläufige Zählung von Seite 192–190 resultiert, enthält der nur teilweise von Kemlis Hand geschriebene Sammelband unter anderem eine St.Galler Chronik von Abt Otmar (719–759) bis Abtbischof Salomon (890–920), die Regula Benedicti, lateinische und deutsche Rätsel und Sprüche und ein einzig hier überliefertes mittelrheinisches Passionsspiel aus dem 14. Jahrhundert in deutscher Sprache.

*Stiftsbibliothek St.Gallen, Handschrift Nr. 919 (S. 192) – Papier – 224 Seiten – 21,5 x 14,5 – letztes Drittel 15. Jahrhundert; darin eingebunden Passionsspiel (S. 197–218): 18,5 x 14 – Raum Worms/Mainz – erste Hälfte 14. Jahrhundert.*

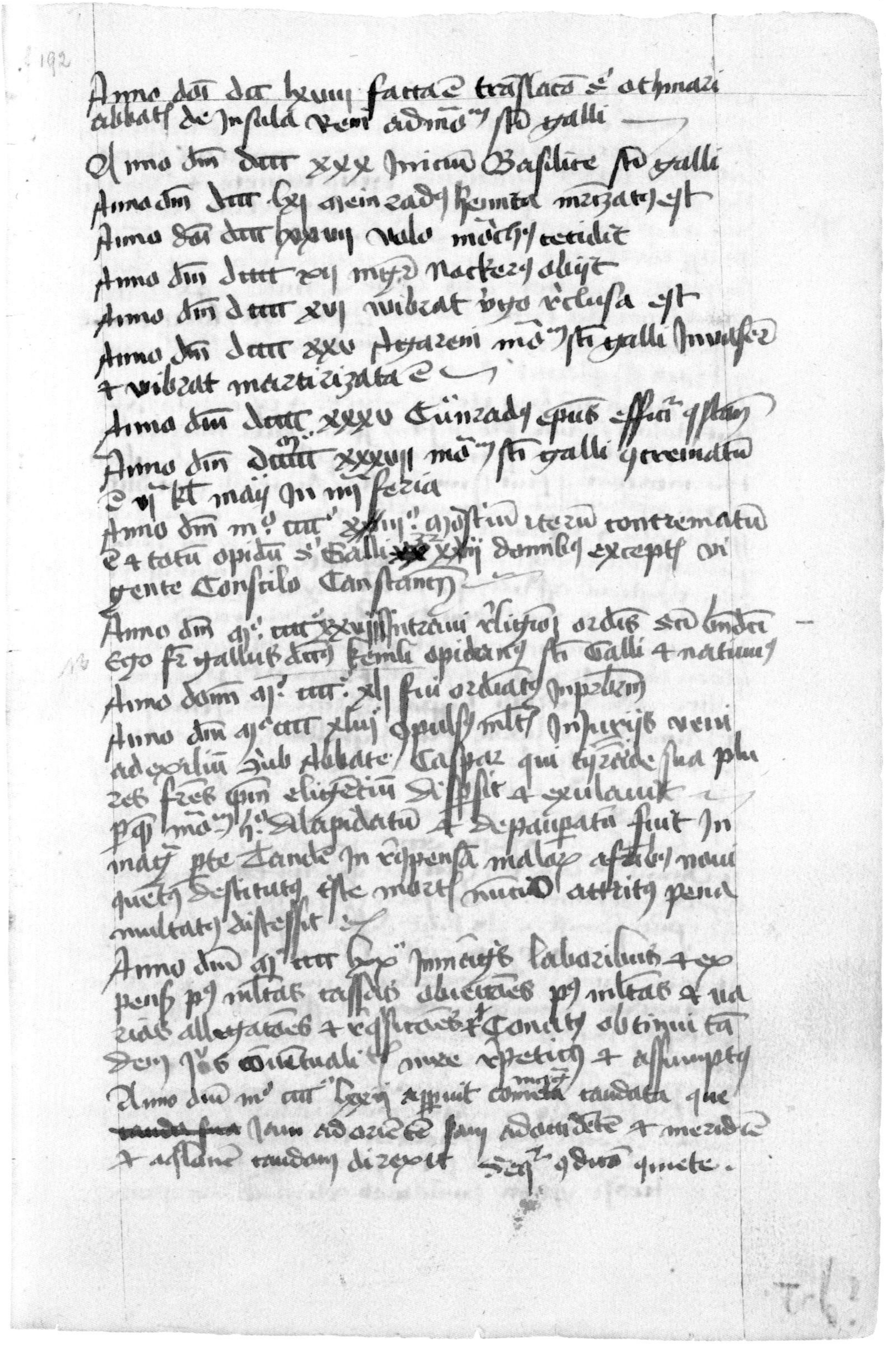

## Verzeichnis der Bibliothek von Gall Kemli

Gall Kemli, unermüdlicher Schreiber und Abschreiber geistlicher und weltlicher Texte, besass eine für die Verhältnisse der Zeit umfangreiche Bibliothek. Genötigt, während seiner Jahrzehnte dauernden Wanderschaft zu seinem Lebensunterhalt an verschiedenen Orten geistlichen Beschäftigungen nachzugehen, erhielt er zugleich Gelegenheit, seine Sammlungen und Aufzeichnungen in vielfältiger Weise zu ergänzen. Kaum ein Wissensgebiet blieb von seiner Schreiblust unberührt, zahlreiche leer gelassene Seiten in seinen Codices lassen vermuten, dass er die Sammlung stets noch auszubauen gedachte.

Um das Jahr 1470 legte er einen zwölfblättrigen Katalog seiner Bücher an. Das Verzeichnis bezeugt ein vordringliches Interesse an liturgischer, homiletischer, hagiographischer, asketischer und moraltheologischer Literatur, welch letzteres in der wiederholten Erfahrung kirchlicher Missstände und moralischer Unzulänglichkeiten mancher Angehöriger des Klerus begründet sein mag, denen er mit einem ausgeprägt religiös-sittlichen Bewusstsein, kompromissloser Kritik und scharfem Spott begegnete. Er exzerpierte aus Exempelsammlungen, sammelte Predigten, Hymnen, Sequenzen, liturgische Formeln und schöpfte aus Traktaten und Kompendien von Kirchenlehrern. Von Praxisbezug, Volksnähe und Interesse an einem neuen, populären Medium zeugen eine Sammlung von Einblattdrucken mit ihrer einprägsamen Emblematik oder die anschaulichen Textgattungen der *Biblia pauperum* und des *Arbor biblicae historiae*. Wichtige Gegenstände frommer Verehrung waren ihm das Leiden Christi, die Muttergottes und die Heiligen; so fehlen in seiner Sammlung nicht Heinrich Seuses Meditationen über die Passion des Herrn oder eine *Legenda aurea*. Kemlis Anliegen der geistlichen Laienunterweisung und der Vermittlung religiöser Inhalte spiegelt sich in seinem Interesse an deutschsprachigen Texten, an deutschen Predigten etwa oder einem einzig in seinem Nachlass erhaltenen deutschsprachigen Passionsspiel. Demgegenüber bezeugen zahlreiche Reimsprüche, medizinische Anleitungen, Lebensregeln, Parodien, Schwänke und Trinksprüche sein Interesse auch am Weltlichen und Diesseitigen.

Auf den Bibliothekskatalog (fol. $2^r$–$13^v$) folgen zahlreiche leere Blätter, die wohl zur weiteren Registrierung der wachsenden Sammlung vorgesehen waren. Nebst einigen kleineren Schriften und kurzen Notizen enthält der vollständig von Kemlis Hand geschriebene Codex zudem eine deutsche Version des *Arbor biblice hystorie* nach Petrus Pictaviensis: *Dis ist der bam nach der historien von der biblien* (fol. $60^r$–$72^v$).

*Zentralbibliothek Zürich, Ms. A 135 (fol. $2^r$) – Papier – 75 Blätter – 30,5 x 10,5 – um 1470.*

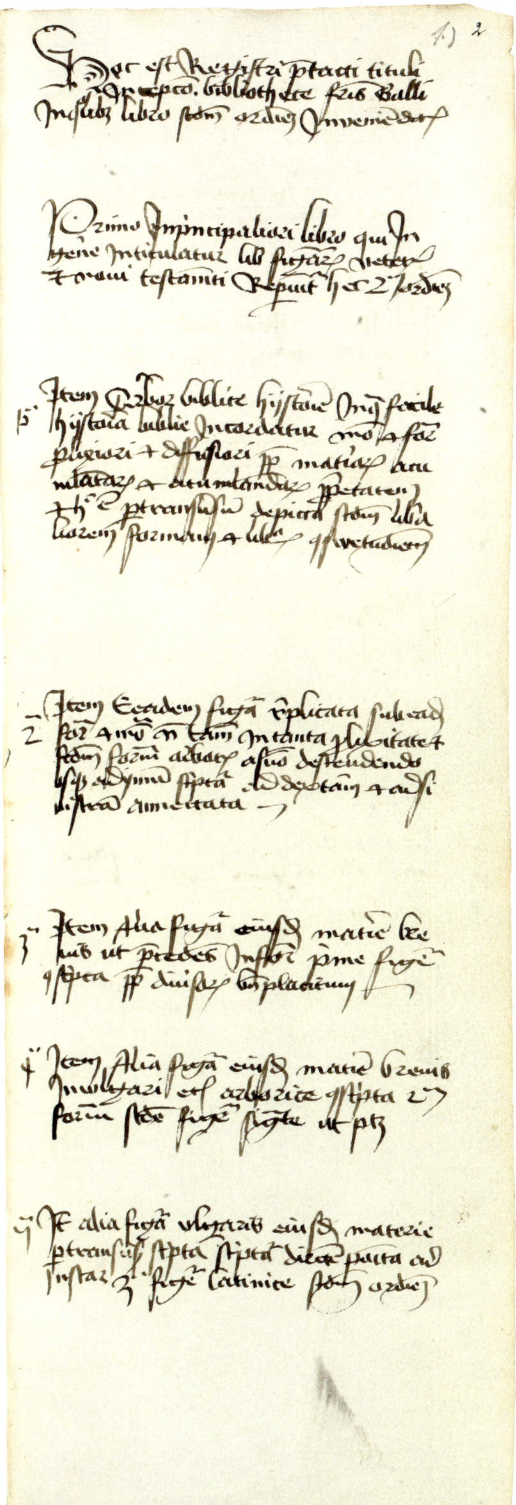

## Biblia pauperum – ein typologisches Bilderbuch

Gall Kemli war nicht nur ein produktiver Schreiber, er sammelte auch gedruckte Bücher und Einblattdrucke. Wie viele Frühdrucke sich in seinem Besitz befanden, lässt sich kaum mehr abschliessend klären, doch weisen einzelne Bände der Stiftsbibliothek charakteristische Eintragungen von seiner Hand auf, so etwa ein vierzig-seitiges Blockbuch mit einer lateinischen *Biblia pauperum*. Blockbücher wurden seit den 1420er Jahren in einem vor allem in Deutschland und den Niederlanden verbreiteten Druckverfahren hergestellt: Bilder und Texte wurden in eine Holztafel geschnitten, einseitig auf Papier abgerieben und nicht selten nachträglich handschriftlich ergänzt. Weltweit haben sich nur rund hundert Blockbücher zu unterschiedlichen, vorwiegend religiösen Themen erhalten.

In der *Biblia pauperum* stehen sich in festgelegter Bilderabfolge jeweils eine Szene aus dem Leben Jesu und je ein alttestamentliches Motiv aus der Zeit vor und nach der Gesetzgebung Mose gegenüber. Der typologische Bezug der Bilder aufeinander deutet das Alte Testament als Heilsverheissung, die im Neuen Testament ihre Erfüllung findet. Vier Spruchbänder mit Prophezeiungen ober- und unterhalb der szenischen Darstellungen, kurze erklärende Beischriften und prägnante *tituli* in Form beispielsweise einer klagenden Anrede oder eines Gebetes erhellen den theologischen Sinn der Bilderfolge.

Zwar dominiert in den Blockbüchern das Bild, doch ist es in den wenigsten Fällen aussagekräftig genug, als dass es ganz ohne sprachliche Erläuterung auskommen könnte. Die Bezeichnung «Armenbibel» im Sinne von «für den des Lesens unkundigen Frommen bestimmt» ist deshalb irreführend. Die meisten Holztafeldrucke setzten vielmehr Lesenkönnen, minimale Lateinkenntnisse und ein gewisses Mass an theologischer Bildung voraus. Wahrscheinlicher ist, dass sich die Blockbücher im Besitz von Scholaren und wenig begüterten Klerikern befanden, die sich etwa eine vollständige Bibel nicht leisten konnten oder als «Arme im Geiste» keine höhere Bildung anstrebten. Ihrer Anschaulichkeit wegen eigneten sich die «Bilderbücher» darüber hinaus aber auch zur Vermittlung religiös-theologischer Inhalte.

Die St.Galler *Biblia pauperum* aus dem Besitz von Gall Kemli wird dem Typ der deutschen Nachbildung einer holländischen Originalausgabe aus der Zeit zwischen 1460 und 1475 zugerechnet. Das Exemplar ist unkoloriert, lediglich hie und da hat ein Rubrikator Feuerflammen, Blutstropfen, Kronen und Lippen der Figuren rot betupft und einige Textstellen unterstrichen; von der Hand Kemlis stammen beigefügte biblische Personennamen.

*Stiftsbibliothek St.Gallen, Blockbuch 1, Bandsignatur BB links IV 9 (S. 7, nach anderer Zählung S. 10) – Papier – 40 Seiten – 26,5 x 20 – nach 1460/75.*

Saul
Herodes
Athalia
David
vno sublato stirps est data regia furto

# Eine theologische Sammelhandschrift

Wie in den meisten Handschriften aus der Bibliothek des Gelehrten und Schreibers Gall Kemli liegt im St.Galler Codex 605 ein Sammelband vor. Es handelt sich um eine Zusammenstellung ausschliesslich theologischer Inhalte: Neben der «Historia Scolastica» des Petrus Comestor (um 1100–1178), einem lateinisch-deutschen «Speculum beatae marie virginis demonstrans causam humanae salvationis» und verschiedenen Exzerpten aus biblischen und theologischen Schriften überliefert Kemli wie in Ms. A 135 der Zentralbibliothek Zürich auf den Seiten 119–198 einen *Arbor biblicae historiae* in deutscher Übersetzung und Redaktion: *Dis ist der baum nach der hÿstorien geschicht der biblien.* Ein Grossteil des Textes ist durch graphische Schemata geprägt, die auf der Basis logisch verbundener Kreise genealogische, historische und begriffliche Bezüge veranschaulichen. In ähnlicher Weise bildlich systematisiert findet sich auf den Seiten 394–402 ein *Arbor virtutum et vitiorum* mit den einander gegenübergestellten Tugenden, Untertugenden und Laster. Von Seite 200 bis 221 bietet Kemli einen auf Petrus Pictaviensis (ca. 1130–1205) zurückgehenden «Spiegel der menschlichen Erlösung». In der Art einer *Biblia pauperum* (eine solche folgt auf den Seiten 224–277) werden alttestamentliche Zusammenhänge auf das neutestamentliche Erlösungsgeschehen gedeutet, beispielsweise: *Wir lesen in dem büch* […] *Daz er heb gesehen uff dem berg Synay ein brünnenden böschen und doch niet verbran. Dis brinneter unverbrant bosch bedüdet junckfraw marien Die da gebar Jhesum Christum gottes sun on zerstörung ir junckfrölikeit vor der geburt und in der burt* (S. 201).

Die auf das Jahr 1465 datierte, vollständig von der Hand Kemlis geschriebene Handschrift vermittelt eine anschauliche Idee von der Arbeitsweise des Kompilators. Der Band ist nicht in einem Guss angelegt, sondern besteht aus einer Reihe unregelmässiger Faszikel, zahlreichen eingeklebten Zetteln, zusammengesetzten Blattteilen und zurechtgeschnittenen Einzelbögen. Manche Blätter weisen einseitig Leimspuren auf, sie stammen offenbar aus früheren Kollektaneen der Sammlung Kemlis.

*Stiftsbibliothek St.Gallen, Handschrift Nr. 605 (S. 122f.) – Papier – 422 Seiten – 29,5/30,5 x 20,5/21,5 – 1465.*

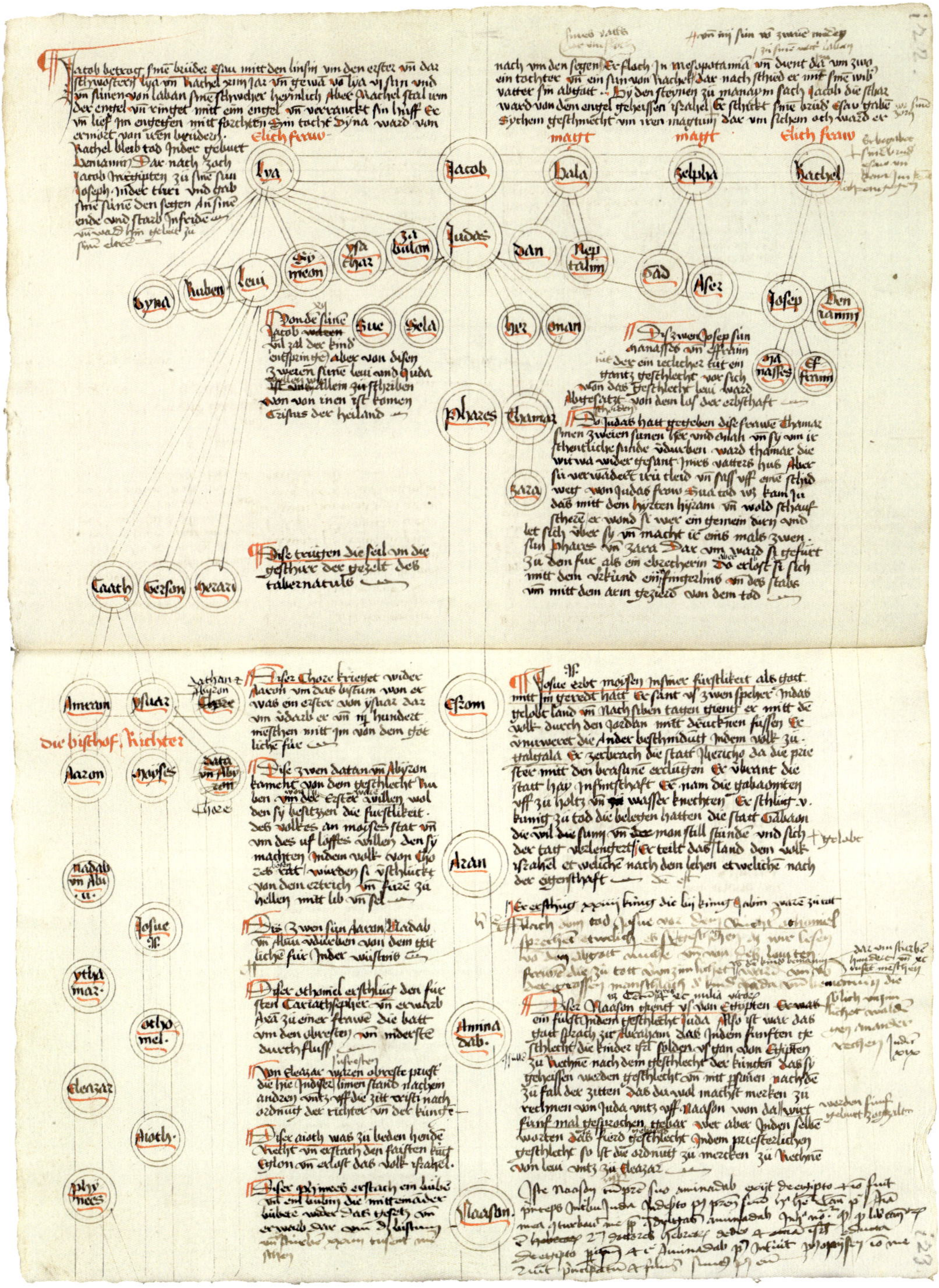
elich fraw
matt
matt
elich fraw
Lya
Jacob
Bala
Zelpha
Rachel
Judas
Dyna
Ruben
Leui
Symeon
Ysachar
Zabulon
Dan
Neptalim
Gad
Aser
Josep
Beniamin
Her
Onan
Phares
Thamar
Zara
Caath
Gerson
Merari
Amram
Ysuar
Chore
die bisthof, richter
Aaron
Moyses
Esrom
Aran
Aminadab
Naason
Josue
Othoniel
Aioth
Eleazar
Phynees

## *Diversarius multarum materiarum:* Spätmittelalterliche Sammelleidenschaft

Die Handschrift stammt, wie Schrift und verschiedene Selbstnennungen nahe legen, vollständig von der Hand Kemlis. Möglicherweise in Sponheim entstanden, wird sie um 1470 in seinem Bücherverzeichnis aufgeführt. Der Band enthält zahlreiche Traktate, Exzerpte, Verse, Rezepte, Notizen und weiteres mehr in deutscher und lateinischer Sprache, teils von Kemli gesammelt, teils von ihm selber verfasst. Einige deutsche Textproben mögen einen (zufälligen) Einblick in die Vielseitigkeit des weltlichen Schreibens und Sammelns von Kemli geben.

- In Anlehnung an die verbreitete Textvorlage «De duodecim abusionibus» überliefert er in kurz gefasster Reihung einen Katalog paradoxer Eigenschaftspaare: *Duodecim Abusiones* [rhetorische Bildbrüche] / *Alder on wisheit / wisheit one wercke / hoffart ane Richtum / Richtum an ere / Adel an tugent / herschaft ane dinst / sfolke an recht / Stede ane gericht / Gewalt one gnade / Jogent one forcht / Efrawen one schamde / geistliche leben ane freude / diese zwölf ding machent diese welt blind* (fol. 107$^{r}$).
- Lügengeschichten und Scherzanweisungen waren beliebt in der spätmittelalterlichen Literatur, so etwa das «Rezept», wie man ohne zu ersticken unter Wasser gehen könne: *Wiltu under dem wasser gen, so nim oley* [Öl] *in den mund und wenn du keine atum* [Luft] *me hast, so lass ein troppen uss dem mund fallen, so macht es ein lochlin durch das wasser, das du luft dor durch haust* (fol. 139$^{v}$).
- Kemli machte sich auch Notizen zur Anwendung von Kräutern und Tränken, beispielsweise empfehle sich Ingwer, vermischt mit Wermut, Geissmilch und Wein, gegen alle möglichen Gebresten. Von der Petersilie heisst es: *Item wem we ist an dem hertzze an dem miltz in der siten, der siede peterlin mitt win und tü gnüg honiges dar zu und sihe das durch ein tuch und trinck es, er wirt gesunt* [...] (fol. 99$^{v}$).

In die Handschrift eingeklebt finden sich zwölf kolorierte Einblattdrucke aus der zweiten Hälfte des 15. Jahrhunderts, die Gall Kemli als Merkzeichen oder Schmuck in seine Bücher legte oder klebte. Die einseitig mit Bild und/oder Schrift bedruckten losen Blätter, seltene und wertvolle Zeugnisse der europäischen Druckgeschichte, dienten der Verbreitung unterschiedlicher Inhalte.

Die abgebildete Seite fol. 12$^{v}$ zeigt das Planetenbild der Venus, einer jungen, bezaubernden Frau mit Spiegel und blühendem Zweig, flankiert von ihren astrologischen Häusern Stier und Waage. Die unter ihrem Einfluss geborenen Menschenkinder – ein Mann und eine Frau – geniessen ein gemeinsames Bad, trinken dabei Wein und lauschen ihnen aufspielenden Musikanten.

*Zentralbibliothek Zürich, Ms. C 101 (fol. 12$^{v}$) – Papier – 175 Blätter – 21 x 13/14 – vor 1470.*

Venus

# Von Fischen und Flöhen

Kemlis Schriften bezeugen nicht nur einen belesenen Theologen und Seelsorger, sie verraten auch allgemeine Lebenskenntnis, Interesse an vernünftiger Lebensführung und medizinisch-diätetisches Wissen.

Im Manuskriptenband C 150 der Zentralbibliothek Zürich, einem Kollektaneenband vor allem astronomischen und medizinischen Inhalts, notierte Kemli 1474 (?) unter dem Titel *De piscium generibus et tempore comestionis ipsorum* einen Text über zwei Dutzend in den Gewässern Süddeutschlands und der Schweiz vorkommenden Fisch- und Schalentierarten mit praktischen Hinweisen zu den besten Fangzeiten und Empfehlungen zu ihrer Zubereitung: [...] *Der Kreps ist aller best in dem Mertzen und wenn der Mon* [Mond] *ab nimpt, so ist er krank. Der Selmling ist am besten nach halb Apprellen und in dem Anfang des Meyen, so im der Swantz geratet grünen oder geferbet werden* [...] *Der Barbe fahet an zu sin in dem Meyen und ist gut die wil er die Ogelin hett under den Oren und weret untz* [bis] *in den höwmonat* [Juli] [...]. Über den *Salm* weiss er, dass er nach dem Gallustag (16. Oktober) den Namen Lachs führt und die *Grundel* schmeckt seiner Meinung nach am köstlichsten in Petersilie gesotten und sanft gesalzen (fol. 46$^{r}$–47$^{r}$). Das «Fischbüchlein» findet sich in beinahe identischem Wortlaut auch in der St.Galler Handschrift Cod. Sang. 919 (S. 220–221).

Im weiteren Sinn den Gesundheitsregeln zuzurechnen sind zahlreiche Rezepte gegen Läuse, Flöhe und Würmer, die offenbar auch Gall Kemli arg zugesetzt haben: *Flöch und Lus, Ratten und Mus, vachen und sorgen merken mich alle mögen* (fol. 103$^{v}$). Gegen Wandläuse rät er: [*nim*] *grün hanf stengel und streif ab die hut und die bletter und stosse das und druck das saftz darus und bestrich die betlad damitt et cessabunt* (fol. 103$^{r}$). Möglich, dass auch der den Abschnitt beschliessende Trinkspruch gegen das Ungeziefer half:

*Trinck ich win, so verdirb ich,*
*drinck ich wasser, so stirb ich,*
*nach ist besser, ich drinck win und verderb,*
*dann ich drinck wasser und sterb* (fol. 103$^{v}$).

Der Sammelband beinhaltet neben zahlreichen weiteren medizinischen Ausführungen und Abhandlungen in lateinischer und deutscher Sprache unter anderem Exzerpte aus den astronomischen Schriften des Isidor von Sevilla.

*Zentralbibliothek Zürich, Ms. C 150 (fol. 103$^{v}$) – Papier – 161 Blätter – 15,5/16 x 10,5/11,5 – 2. Hälfte 15. Jahrhundert.*

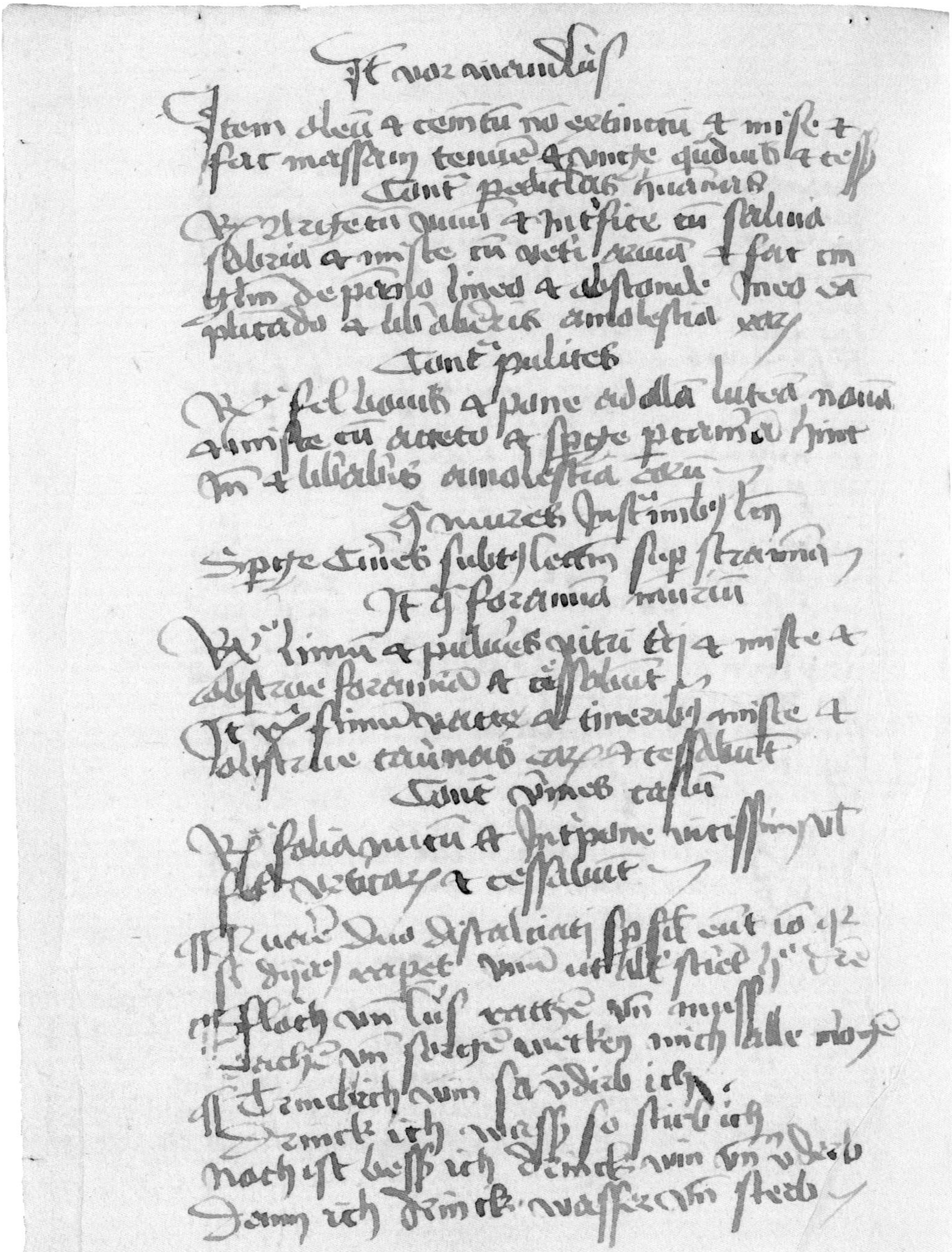

# Hagiographica und Poetica

Im Unterschied zum benachbarten und seit dem Jahr 800 verbrüderten Kloster Reichenau hatte St.Gallen Glück mit seinen Hausheiligen. Es konnte die Gebeine des Gründerheiligen Gallus bewahren und brachte überdies mit dem ersten Abt Otmar (719–759), dem Dichtermönch Notker I. der Stammler († 912) und der Reklusin und Märtyrin Wiborada († 926) gleich drei weitere als Heilige verehrte Gestalten hervor. Ihre Memoria pflegten die Mönche im Gottesdienst, dafür schufen sie literarische und künstlerische Werke. So entstand ein in seiner Geschlossenheit eindrückliches Korpus hagiographischer Zeugnisse, zu dem Mönche des Galluskloster und der Reichenau beitrugen.

Für den heiligen Gallus schrieb bereits drei Jahrzehnte nach seinem Tod um 650 ein unbekannter Autor eine erste Vita. Die Lebensbeschreibung des Stifters steht am Anfang der lateinischen Literatur in St.Gallen. Im Sinne der karolingischen Bildungsreform überarbeiteten im frühen 9. Jahrhundert die Reichenauer Gelehrten Wetti († 824) und danach Walahfrid Strabo († 849) diese Vita. Notker der Stammler verfasste mit dem «Metrum de vita sancti Galli» prosimetrische Dialoge über das Leben des heiligen Gallus. Unter Notkers Sequenzendichtungen ist die Sequenz «Dilecte deo Galle» zum Gallusfest eine der berühmtesten, sie wird noch heute am 16. Oktober in der Kathedrale St.Gallen feierlich intoniert. Der erste Geschichtsschreiber St.Gallens, Ratpert († vor 912), dichtete ein althochdeutsches Galluslied, das nur in der lateinischen Übertragung, die Ekkehart IV. im frühen 11. Jahrhundert vornahm, erhalten ist.

In den Jahrzehnten vor und nach 900 stand St.Gallen im Zenit seines literarischen Ruhmes. In der Dichtkunst wurden neue Formen angewandt. So dichtete der Universalkünstler Tuotilo in der Form der Tropen. Eine weitere im Galluskloster gepflegte Form sind die poetischen Beischriften (Tituli) zu gemalten Bilderzyklen. Die Wände des Gozbertmünsters wurden unter den Äbten Grimald (841–872) und Hartmut (872–883) von Reichenauer Malern mit einem grossen Zyklus christologischer Bilder geschmückt, jene der Otmarsbasilika mit der Majestas Domini und der Huldigung der 24 Ältesten. Zu den Darstellungen aus dem Leben Jesu im Gallusmünster sind in den «Carmina Sangallensia» die entsprechenden Tituli überliefert. In der gleichen Kunstgattung betätigte sich später Ekkehart IV., als er die Verse zur Ausmalung des Kreuzgangs mit einer Bilderfolge zum Gallusleben schuf.

## Die älteste Gallus-Vita

Bereits etwa dreissig Jahre nach dem Tod des Eremiten Gallus an einem 16. Oktober um das Jahr 650 dürfte eine Geschichte seines heiligmässigen Lebens verfasst worden sein. Das älteste Gallusleben im Umfang von 34 Kapiteln wurde ein erstes Mal um 715/25 fortgesetzt und bald nach 771 um eine kleine Wallfahrtschronik erweitert. Diese im Lauf eines Jahrhunderts in drei Schichten «gewachsene» Vita bezeichnet man als «Vita vetustissima sancti Galli». Wer der Verfasser des ältesten Teils aus der Zeit um 680 war, als «das im literarischen Neuland gelegene St.Gallen» (Berschin) noch kein Kloster war, wissen wir nicht, vielleicht ein wandernder Mönch des kolumbanischen Kreises? Der unbekannte Autor dürfte der erste lateinische Schriftsteller in der alemannischen Frühzeit gewesen sein, die Vita ist eines «der besten Literaturwerke der Merowingerzeit» (Berschin).

Die «Vita vetustissima» ist erst seit gut einem Jahrhundert bekannt und bruchstückhaft überliefert. Der Zürcher Staatsarchivar Paul Schweizer hat sie in einem Bucheinband entdeckt. Es handelt sich um zwei Doppelblätter einer vermutlich in Rätien geschriebenen Sammlung von Heiligenleben aus der zweiten Hälfte des 9. Jahrhunderts. Die Vita ist darin nur zu etwa einem Viertel erhalten. Der Vergleich der vorhandenen Teile mit den beiden jüngeren Gallus-Leben, jenen der Reichenauer Mönche Wetti von 816/24 und Walahfrid von 833/34, zeigt, dass sich die späteren Bearbeiter sorgfältig an den Grundriss und Inhalt der alten Vita hielten.

Das Fragment der «Vita vetustissima» setzt mit einem wichtigen Kapitel ein: Gallus war von seinem Lehrer und Abt Kolumban mit der denkbar schwersten Strafe der Exkommunikation belegt worden d.h. er durfte bis zu Kolumbans Tod im fernen Bobbio nicht mehr die Messe lesen. Denn er hatte mit diesem nicht über die Alpen ziehen wollen, sondern war wegen einer (angeblichen?) Erkrankung am Bodensee zurückgeblieben, womit er das Mönchsgelübde des Gehorsams brach. In einem Traumgesicht sah nun Gallus, dass Kolumban gestorben war (am 23. November 615), und schickte einen Diakon zum Kloster Bobbio, um zu erkunden, ob die Vision wahr sei, damit er von der Exkommunikation befreit würde. Hier setzt die Vita ein. Wäre sie eine spätere Erfindung von St.Galler Mönchen gewesen, würden diese ihren Gründer gewiss nicht mit einer so harten Strafe behaftet haben. Das erhaltene Kapitel wird zu einem wichtigen Argument, dass tatsächlich im 7. Jahrhundert ein Kolumban-Schüler namens Gallus als Eremit im Steinachtal gelebt hat und hier gestorben ist.

Die «Vita vetustissima» befand sich bisher unter der Signatur C VI 1 II 8a im Staatsarchiv des Kantons Zürich, die Zürcher Kantonsregierung schenkte sie nach der Unterzeichnung der Vereinbarung am 27. April 2006 in Bern der Stiftsbibliothek.

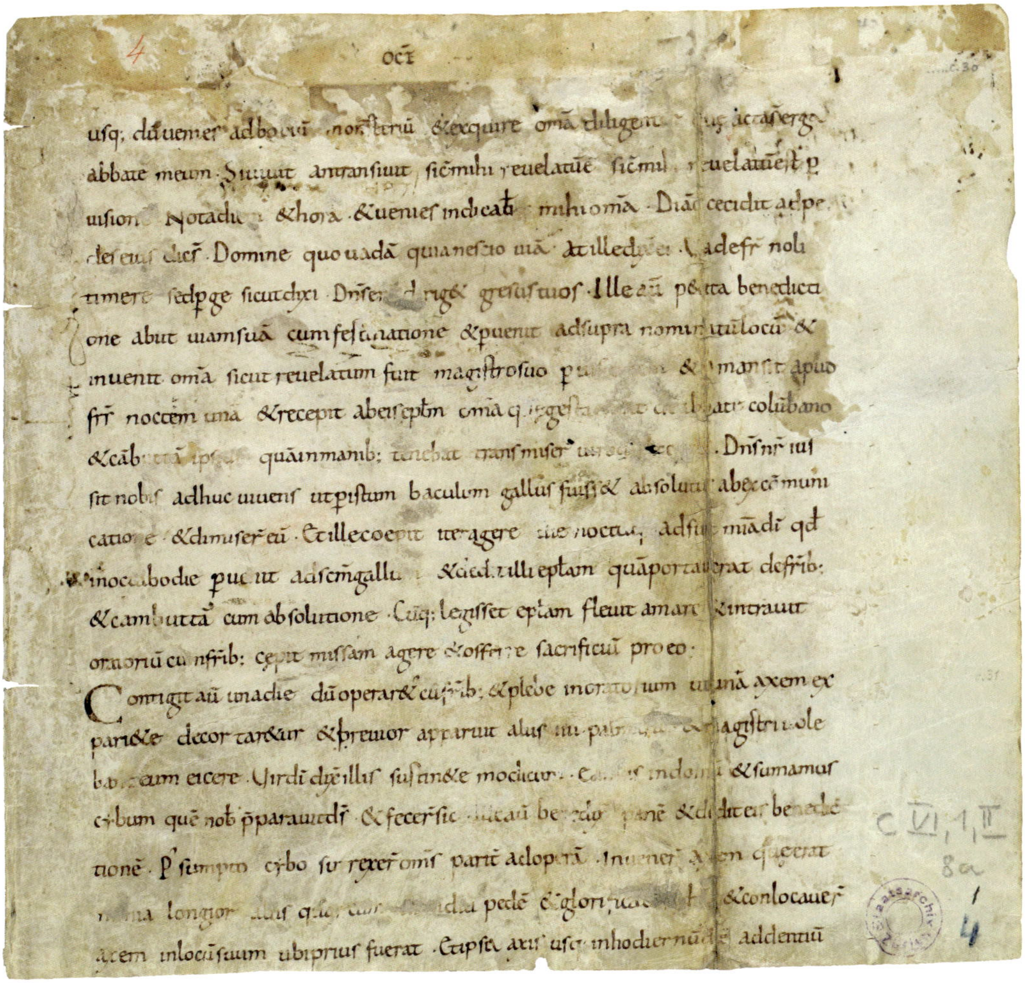

*Stiftsbibliothek St.Gallen, Handschrift Nr. 2106 (fol. 1r) – Pergament – 4 Blätter – 28,5 / 21 x 23 – Rätien – zweite Hälfte 9. Jahrhundert.*

# Umfangreiche Sammlung von Heiligenleben

Die Wurzeln der Heiligenleben liegen in den altchristlichen Märtyrerakten, ihr ursprünglicher geistiger Standort ist die christliche Heiligenverehrung in der Liturgie. Im Gottesdienst gedachte man der Märtyrer und Bekenner. Von ihrer Anrufung in Litanei und Gebet führte die Entwicklung über die summarische Vita, welche knappe biographische Angaben enthält und in Martyrologien gesammelt wurde, bis zum ausführlichen Heiligenleben. Dieses wurde für die geistliche Lesung und die Tischlesung, als Predigtgrundlage, für Kirchweihfeste und die geschichtliche Tradition des eigenen Klosters geschaffen und verwendet. Nach den Anfängen in der christlichen Spätantike erlebte die Gattung der Heiligenleben in der merowingischen und karolingischen Epoche (6./7. bis 9. Jahrhundert) ihre Blütezeit.

Im Kloster St.Gallen wurden bereits früh Sammlungen von Heiligenleben angelegt. Das Vitenkorpus der Stiftsbibliothek umfasst etwa 45 hagiographische Codices aus dem 8. bis 12. Jahrhundert und reiht sich damit unter die bedeutendsten der Welt ein. An der Wende zum 10. Jahrhundert entstanden in St.Gallen mehrere umfangreiche und grossformatige Sammlungen mit Viten und Passiones (Märtyrerakten) altchristlicher, altgermanischer und karolingischer Heiliger, sogenannte Passionarien oder Passionale. Der geistige Urheber solcher Systematisierungs- und Sammeltätigkeit könnte der Gelehrte und Bibliothekar Notker der Stammler († 912) gewesen sein, der selbst ein Martyrologium schuf (Hs. Nr. 456).

Zu den damals entstandenen grossen Passionarien gehört neben dem «Passionarium novum» der Stiftsbibliothek (Hs. Nr. 577) die als «Passionarius maior» bezeichnete Handschrift Ms. C 10i der Zentralbibliothek Zürich. Sie enthält 92 Heiligenlegenden. Einige Texte sind nur hier beziehungsweise hier in bester Fassung überliefert. Abgebildet und aufgeschlagen in der Ausstellung ist der Beginn der Leidensgeschichte der Zürcher Stadtheiligen Felix und Regula (Festtag 11. September): *Incipit Passio sanctorum Felicis et Regulae cum sociorum quod est III idus septembris.* Die Handschrift ist mit grossen rubrizierten Initialen in bestem St.Galler Stil ausgestattet und enthält zahlreiche Glossierungen von der Hand Ekkeharts IV. (um 980/90–um 1060). Aus dieser Sammlung konnte das Verzeichnis der St.Galler Heiligenleben des 10. Jahrhunderts in der Handschrift Nr. 566 ausgiebig schöpfen.

*Zentralbibliothek Zürich, Ms. C 10i (fol. 60r) – Pergament – 274 Blätter – 43 x 30,5 – Kloster St.Gallen – Ende 9./Anfang 10. Jahrhundert.*

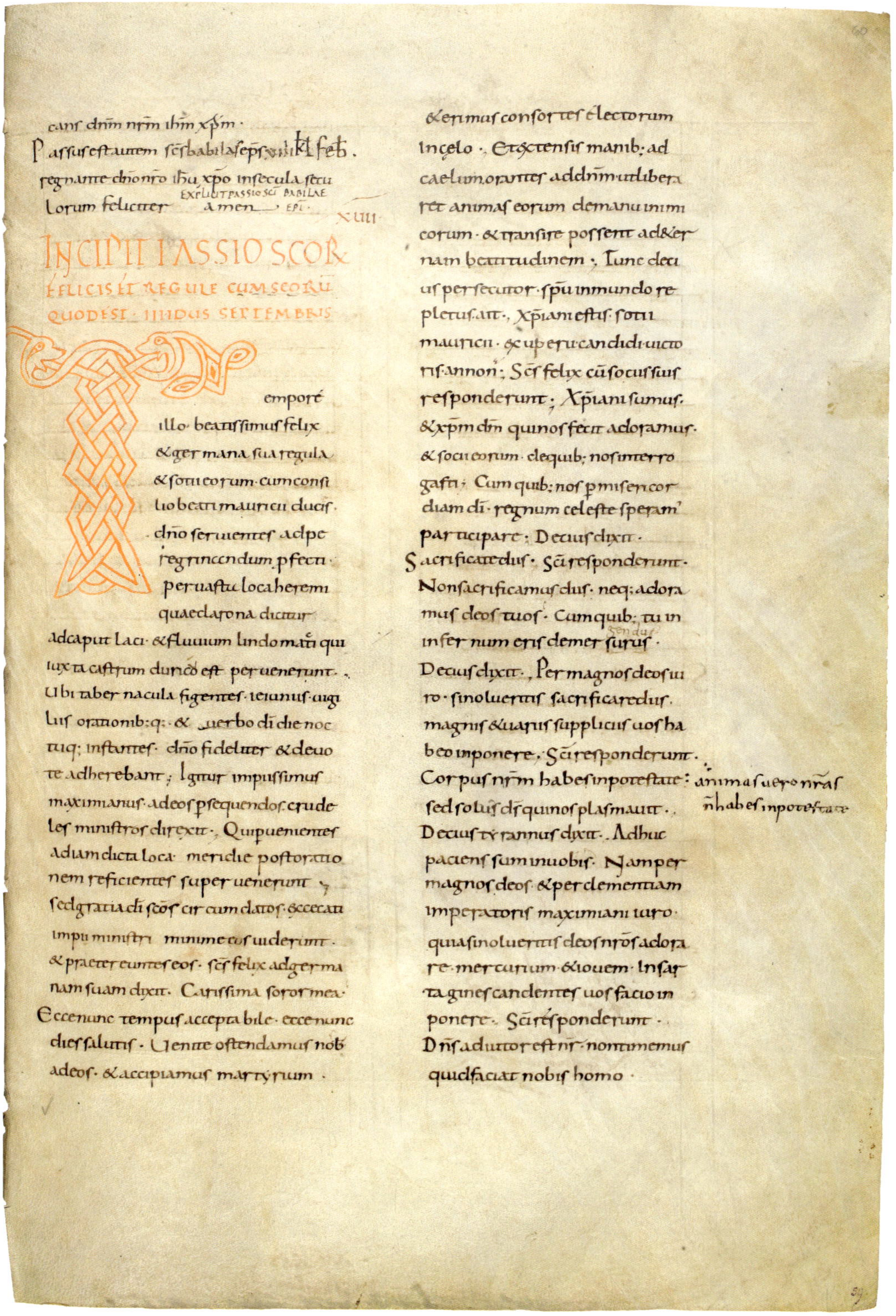
cant dnm nrm ihm xpm ·
Passus est autem scs babilas eps viii kl febr.
regnante dno nro ihu xpo in secula secu
lorum feliciter amen.
EXPLICIT PASSIO SCI BABILAE EPI.
XIIII
INCIPIT PASSIO SCOR
FELICIS ET REGULE CUM SCORU
QUOD EST · IIII IDUS SEPTEMBRIS
T emporé
illo beatissimus felix
& germana sua regula
& socii eorum cum consi
lio beati mauricii ducis ·
dno servientes ad pe
regrinandum pfecti ·
per vasta loca heremi
quae clarona dicitur
ad caput laci & fluuium lindomati qui
iuxta castrum turico est peruenerunt.
Ubi tabernacula figentes · ieiuniis · vigi
liis orationib; q; & verbo di die noc
tuq; instantes · dno fideliter & deuo
te adherebant ; Igitur impiissimus
maximianus · ad eos psequendos crude
les ministros direxit · Qui pervenientes
ad iam dicta loca meridie post oratio
nem reficientes supervenerunt ;
sed gratia di scos circumdatos · excecati
impii ministri minime eos uiderunt ·
& praeter euntes eos · scs felix ad germa
nam suam dixit · Carissima soror mea ·
Ecce nunc tempus acceptabile · ecce nunc
dies salutis · Veni ut ostendamus nos
ad eos · & accipiamus martyrium ·
& erimus consortes electorum
in celo · Et extensis manib; ad
caelum orantes ad dnm ut libera
ret animas eorum de manu inimi
corum · & transire possent ad eter
nam beatitudinem ; Tunc deci
us persecutor · spu inmundo re
pletus ait · Xpiani estis · socii
mauricii · & superui candidi victo
ris annon ; Scs felix cu socius suis
responderunt ; Xpiani sumus ·
& xpm dm qui nos fecit adoramus ·
& socii eorum · de quib; nos interro
gasti ; Cum quib; nos p miseri cor
diam di · regnum celeste speram
participare ; Decius dixit ·
Sacrificate dis · Sci responderunt ·
Non sacrificamus dis · neq; adora
mus deos tuos · Cum quib; tu in
infernum eris demersurus ·
Decius dixit · Per magnos deos iu
ro · si nolueritis sacrificare dis ·
magnis & uariis suppliciis uos ha
beo inponere · Sci responderunt ·
Corpus nrm habes in potestate ; anima si uero nras
sed solus ds qui nos plasmauit · non habes in potestate
Decius tyrannus dixit · Adhuc
paciens sum in uobis · Nam per
magnos deos & per clementiam
imperatoris maximiani iuro ·
quia si nolueritis deos nros adora
re · mercurium & iouem · In sar
tagines candentes uos facio in
ponere · Sci responderunt ·
Dns adiutor est nr · non timemus
quid faciat nobis homo ·

## Verse zur Ausmalung des St.Galler Münsters

Die Sammelhandschrift C 78 der Zentralbibliothek Zürich überliefert neben anderen wichtigen Texten auf fol. 48v–50v Distichen, die gemäss den Überschriften einmal als «Tituli» (Bildbeischriften) unter den Wandbildern einer Kirche zu lesen waren. Tituli in Kirchen gehen auf altchristlichen Brauch zurück. Sie sind nicht nur als Anweisungen zur richtigen Lektüre des Bildes gedacht, sondern auch als Paraphrase, als Steigerung und Bereicherung des Bildinhaltes, als Umsetzung in die Sprache einer anderen Kunstgattung.

Die als «Carmina Sangallensia» bezeichneten Tituli in Ms. C 78 aus der zweiten Hälfte des 9. Jahrhunderts stammen von einem nicht identifizierten St.Galler Dichter. Sie beziehen sich auf die Bilder, die in dem unter Abt Gozbert (816–837) erbauten St.Galler Münster unter Abt Grimald (841–872) und seinem Stellvertreter und Nachfolger im Amt, Hartmut (872–883), gemalt wurden. Gemäss einem Eintrag im persönlichen Handbuch Grimalds (Hs. Nr. 397, S. 50) kamen die Maler der *aula*, d.h. der Basilika, von der Insel Reichenau. Ratpert berichtet in seinen «Klostergeschichten» auch von der prächtigen Ausmalung der Kirche: «Die Wände der Basilika des heiligen Gallus, sowohl im Chor wie ausserhalb des Chores, und die hinteren Teile der Kirche, so wie sie sich heute zeigen, liess [Hartmut] mit Goldblattmalerei verzieren und schmücken» (c. 9 [29]).

Die Distichen der St.Galler Tituli sind in Zehnergruppen gegliedert. Die erste Dekade ist der Verkündigung und der Kindheitsgeschichte Jesu gewidmet (I, 1–10). Es folgen zweimal zehn Wunderszenen aus dem Evangelium (II, 1–10, 11–20), danach zwei einzelne Distichen (III, IV), die sich mit dem Jüngsten Gericht samt Himmel und Hölle befassen, und zuletzt leiten zehn Doppelverse (V, 1–10) die Passionsgeschichte ein. Laut den Beischriften waren die Bilder an den Chorwänden und an den Wänden im Langhaus angebracht. Auf Chor und Schiff waren je zwanzig verteilt, die eine Hälfte war an der Nord-, die andere an der Südwand zu sehen, während die westliche Eingangswand von der Weltgerichtsdarstellung beherrscht war.

Das Gozbertmünster mit seinen Ausmalungen ist bekanntlich nicht mehr erhalten. Aufgrund der plastischen Erzählung der Verse und mit Hilfe der Wandmalereien in der Klosterkirche von Müstair und von St.Georg in Oberzell kann man sich jedoch von der Ausstrahlungskraft dieser «gemalten Bibel» auf den Betrachter ein Bild machen, z.B. von der Teufelaustreibung in Gerasa (II, 8):

*Spiritibus diris hominum de corpore pulsis*
*Das pecorum furiare greges, iustissime iudex.*

Unheilvolle Geister, aus dem Körper der Menschen ausgetrieben,
lässt du, gerechtester Richter, Viehherden in Raserei versetzen.

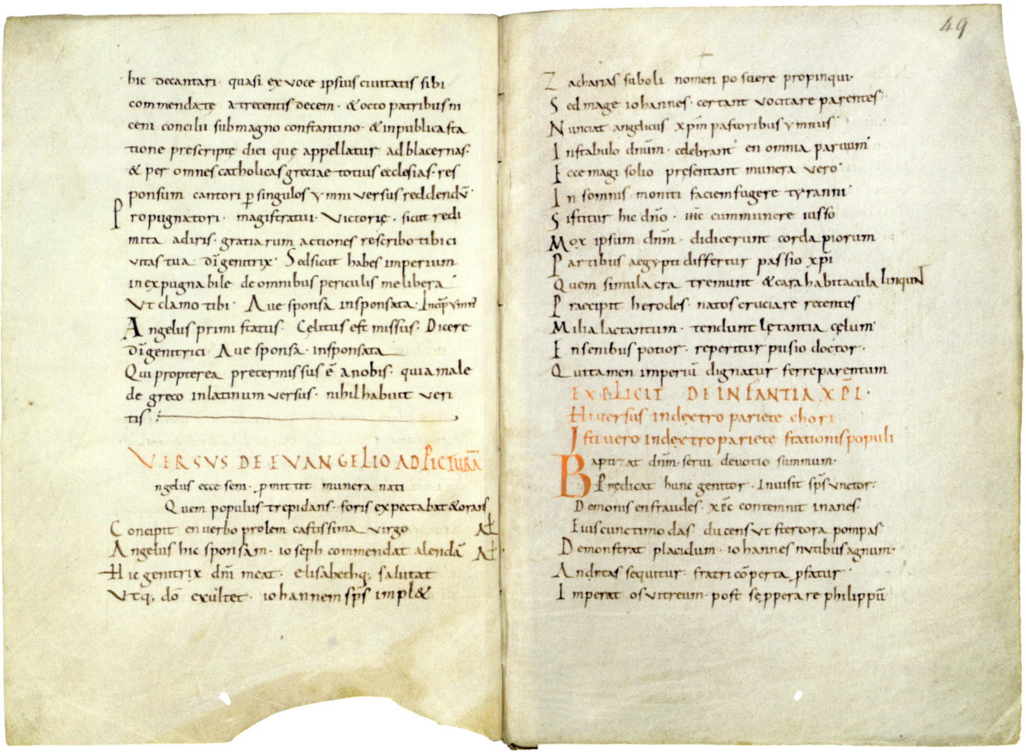

*Zentralbibliothek Zürich, Ms. C 78 (fol. 48v/49r) – Pergament – 162 Blätter – 18,5 x 11,5 – Kloster St.Gallen – 9.–15. Jahrhundert.*

# Ekkeharts IV. Verse zur Ausmalung des Kreuzgangs

Der St.Galler Abt Purchart II. (1001–1022) liess die Konventsgebäude erneuern und hatte in diesem Zusammenhang auch die Absicht, den Kreuzgang oder einen anderen Raum innerhalb der Klausur mit einer Bilderfolge aus dem Leben des heiligen Gallus auszuschmücken. In seinem Auftrag *(Purchardi abbatis iussu)* verfasste Ekkehart IV. (um 980/90–um 1060) die Dichtung «Versus ad picturas claustri Sancti Galli». Es handelte sich also um ein frühes, noch vor 1022 entstandenes Werk Ekkeharts, vielleicht sogar um eine Schularbeit des fortgeschrittenen Scholaren oder jungen Magisters. Die Tituli in zweizeiligen Hexametern sollten dem Abt eine Themenauswahl für den geplanten Zyklus liefern; ob die Gemälde jemals ausgeführt und mit den Versen versehen wurden, wissen wir allerdings nicht. Welches der Inhalt dieser Bilder war oder hätte sein sollen, ergibt sich schon aus den ersten Zeilen, wo gesagt wird:

*Ecce deo Gallum ... sistunt votando parentes.*

Siehe, es bringen die Eltern den Gallus Gott dar.

Die 146 leoninischen Hexameter, eingeteilt in 73 Distichen, illustrieren also Einzelszenen aus dem Leben des heiligen Gallus, von der Kindheit bis zum Begräbnis. Den Stoff für das Werk schöpfte Ekkehart aus der Gallus-Vita Walahfrid Strabos († 849), der damals selbstverständlichen und gültigen Fassung, der er nicht selten wörtliche Partien entnahm. Ausserdem stützte er sich auf Ratperts althochdeutsches Galluslied, das er selbst etwa zur gleichen Zeit ins Lateinische übersetzte («Carmen in laude sancti Galli»). Die Distichen präsentieren sich weniger als eine Sammlung von Bild-Inschriften, sondern eher als «eine erzählende Lebensgeschichte» des heiligen Gallus (Duft).

Die Verse zum Galluszyklus sind wie die meisten poetischen Werke Ekkeharts in einem Autograph überliefert, in der Handschrift Nr. 393 der Stiftsbibliothek (S. 239–246), die wegen der umfangreichsten darin enthaltenen Dichtung, den «Benedictiones super lectores per circulum anni», «Liber Benedictionum» (Buch der Segnungen) genannt wird. Ausserdem sind sie in einer ebenfalls von Ekkeharts Hand geschriebenen Fassung auf dem Schlussblatt von Codex Nr. 168 (S. 405f.) überliefert. Beide Fassungen gehen auf einen nicht erhaltenen Urtext zurück, wobei sich die Fassung im «Liber Benedictionum» durch Korrekturen und Zusätze als die jüngere erweist. Sie zeigt exemplarisch die Arbeitsweise Ekkeharts, der während seines ganzen Lebens immer wieder an seinen Dichtungen arbeitete und feilte.

*Stiftsbibliothek St.Gallen, Handschrift Nr. 393 (S. 239) –*
*Pergament – 263 S. – 23,3 x 16 – Kloster St.Gallen –*
*11. Jahrhundert.*

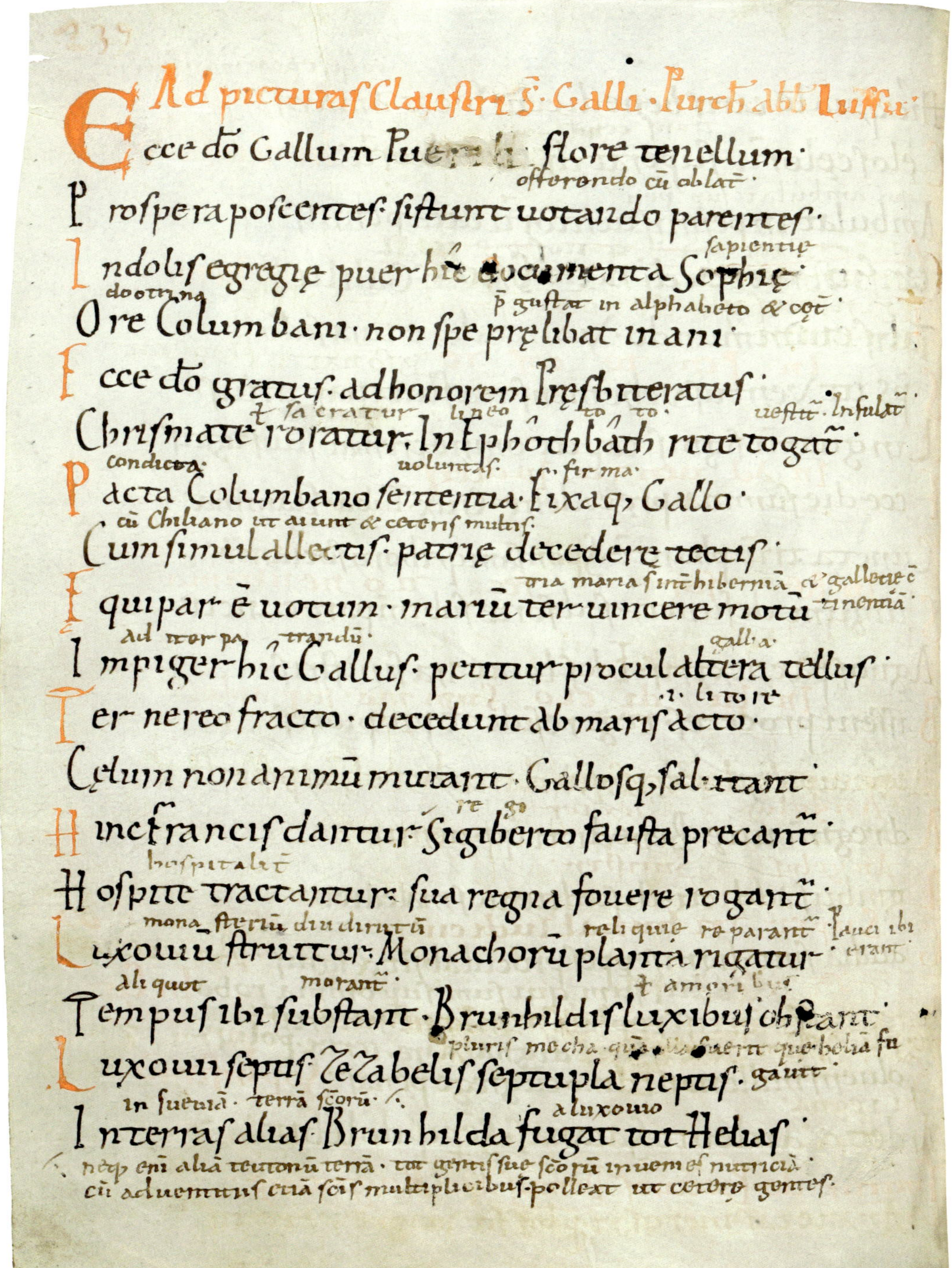

Ad picturas Claustri s. Galli. Purch(ardus) abb(as) iussit.

Ecce deo Gallum puer[…] in flore tenellum

Prospera poscentes sistunt votando parentes

Indolis egregie puer hic documenta sophie

Ore Columbani non spe prelibat inani

Ecce deo gratus ad honorem presbiteratus

Chrismate roratur In ephoth bath rite togatur

Pacta Columbano sententia fixaque Gallo

Cum simul allectis patrie decedere tectis

Equiparatur votum mariu ter vincere motum

Impiger hic Gallus petitur procul altera tellus

Ter nereo fracto decedunt ab maris acto

Celum non animum mutant Gallosque salutant

Hinc francis dantur Sigiberto fausta precantur

Hospite tractantur sua regna fovere rogantur

Luxoviu struitur monachorum planta rigatur

Tempus ibi substant Brunhildis luxibus obstant

Luxovii sepius Iezabelis septupla neptis

In terras alias Brunhilda fugat tot Helias

## Dichterbildnis Notkers des Stammlers

Notker I. Balbulus († 6. April 912) wurde im Kloster St.Gallen schon früh hoch verehrt. Seinem vorbildhaften, frommen Mönchsleben und seinen Werken widmete Ekkehart IV (um 980/90–um 1060) in den «Klostergeschichten» schöne Kapitel. Etwa zur gleichen Zeit, um die Mitte des 11. Jahrhunderts, entstand eines der beiden ältesten erhaltenen Bilder des Dichters. Damals erlebte das Galluskloster unter dem Reformabt Norpert (1034–1072) eine neue Blüte. Es entstanden einige Prachthandschriften für den feierlichen Gottesdienst, darunter das Messantiphonar Nr. 376. Dieses Gesangbuch wird von einem Kalendar und einem Computus eingeleitet. Der musikalische Teil enthält ein Tropar, d.h. Einschubgesänge zu den feststehenden Texten der Liturgie, dann die Gesänge des Messantiphonars (Graduale) und zuletzt das Sequentiar mit den von Notker dem Stammler und vielen weiteren Dichtern geschaffenen, über das ganze Abendland verbreiteten Hymnen. Dieses Corpus der gesungenen Messtexte ist im «besten sankt-gallischen Schreibstil und Buchschmuck» (Duft), in «wohlkomponierter Einheit» und mit «hoher künstlerischer Sicherheit und Routine» (von Euw) gestaltet.

Zur Ausstattung gehört eine einmalige Bebilderung mit fünf ganzseitigen Miniaturen: Gregor der Grosse als Autor des Antiphonars (S. 82), die Kreuzigung mit Maria und Johannes (S. 191), der Auferstandene mit dem Kreuzstab als Siegeszeichen (S. 198) und die thronende Maria mit dem Jesuskind (S. 319). Auch für Notker als Dichter der Sequenzen wurde eine Miniatur geschaffen; diese befand sich gegenüber einer farbig gerahmten Schriftzierseite (S. 312), die folgendes Gedicht auf den Autor enthält:

*Optans misceri Notkerus in aethere plebi,*
*Cuius dulcisonis vox numquam cessat ab ymnis.*
*Gaudia dum licuit crucis hoc in carmine lusit.*
*Quod Domino laudi Galloque studebat honori.*

In dem Wunsch, unter das himmlische Volk aufgenommen zu werden,
hat Notker, dessen Stimme nie von den süss tönenden Hymnen
(= Sequenzen) abliess,
als es ihm erlaubt war, die Freuden des Kreuzes in diesem Lied besungen,
um das er sich Gott zum Lob und Gallus zu Ehren mühte.

Das dieser Schriftzierseite gegenübergestellte Notkerbild gibt den Dichter der Sequenzen im Dreiviertelprofil sitzend wieder. Notker stützt sein Haupt als Dichter-Philosoph mit seiner Linken, der Arm liegt auf dem Schreibpult auf. Das Haupt bedeckt die spitze Kapuze des geschlossenen langen, feierlichen Mönchsgewandes. Den Hintergrund bildet die Kulisse einer von Türmen flankierten Kirche mit offener Apside. Im Goldleistenrahmen sind auseinandergezogen die Buchstaben *NOTKERUS* zu lesen. Das Notkerbild folgt im Stil byzantinisch beeinflussten Bildern aus Montecassino in Süditalien.

Das Notkerbild ist zu einem unbekannten Zeitpunkt und unter ungeklärten Umständen aus der Handschrift Nr. 376 herausgeschnitten worden. 1857 entdeckte es Ferdinand Keller, der Präsident der Antiquarischen Gesellschaft in Zürich, beim St.Galler Apotheker Scheitlin und erwarb es für die Antiquarische Gesellschaft. Als deren Eigentum wird es heute im Staatsarchiv des Kantons Zürich aufbewahrt.

*Staatsarchiv des Kantons Zürich, W I 3. 19, XXXV (Eigentum der Antiquarischen Gesellschaft in Zürich) – Pergament – 26,5 x 18,5 – Kloster St.Gallen – Mitte 11. Jahrhundert.*

*Stiftsbibliothek St.Gallen, Handschrift Nr. 376 (S. 312) – Pergament – 436 S. – 26,5 x 18,5 – Kloster St.Gallen – Mitte 11. Jahrhundert.*

N O T K E R U S
S. Notkerus.
56.

OPTANS MISCERI NOTKE
RUS IN AETHERE PLEBI·
CUIUS DULCISONIS VOX
NUMQUAM CESSAT AB YMNIS·
GAUDIA DUM LICUIT CRUCIS
HOC IN CARMINE LUSIT·
QUOD DOMINO LAUDI GALLO
QUE STUDEBAT HONORI·

# Frühneuzeitliche Festschriften und Gelegenheitsdichtungen

Während die zahlreichen erhaltenen Handschriften des frühen Mittelalters aus dem Kloster St.Gallen zu den besterforschten Codices der Stiftsbibliothek zählen und vereinzelt abendländische Bedeutung besitzen, wurden in der frühen Neuzeit in St.Gallen kaum noch repräsentative Handschriften geschaffen. Die meisten Manuskripte, die aus der Zeit nach der Reformation, aus den letzten zweieinhalb Jahrhunderten des Bestehens des Klosters St.Gallen, überliefert sind, sind formlos und oftmals nachlässig hingeworfene Gebrauchs- und Gelegenheitsschriften.

Neben einigen prachtvollen liturgischen Codices für die Eucharistiefeier und das Stundengebet der Mönche dürfen wohl auch manche Zeugnisse einer im Kloster St.Gallen im 17. und 18. Jahrhundert praktizierten internen «Festschriftkultur» übergeordnetes Interesse beanspruchen. Mehr oder weniger begabte Klosterschüler, Novizen und Mönche überreichten ihren Vorgesetzten zu einem speziellen Anlass, etwa zum Namenstag oder zu einem Jubiläum, selbst gedichtete, selbst gezeichnete und selbst geschriebene Texte. Auch Reden, fiktive Reden und Theaterstücke vermitteln einen Eindruck von der Feier festlicher Anlässe auf dem Gebiet der barocken Fürstabtei St.Gallen. Aus dem 18. Jahrhundert sind viele dieser Texte als «Festschriften» noch erhalten, hingegen sind die meisten Dichtungen des 17. Jahrhunderts aus der Zeit der Äbte Bernhard Müller (1594–1630), Pius Reher (1630–1654) und Gallus Alt (1654–1687) nur noch in Abschriften in einem der sechs erhaltenen Bücher der einstmals achtbändigen «Carmina»-Sammlung des St.Galler Paters Ulrich Aichhaim (1626–1675) in der Zentralbibliothek Zürich (Ms. D 76, D 76A, D 76B, D 76C, D 77, D 77B) erhalten.

## Ein Feuerwerk kreativer Schaffensfreude: Glückwunschadressen für die St.Galler Klosteroberen

Einen exzellenten Einblick ins interne Leben der Benediktinerabtei St.Gallen gibt uns die einstmals achtbändige Sammlung lateinischer Gedichte und Reden von St.Galler Mönchen des 17. Jahrhunderts, die der aus der Gegend der sanktgallischen Besitzung Neu-Ravensburg bei Wangen im Allgäu stammende Pater Ulrich Aichhaim (1626–1675) in seinen letzten Lebensjahren mit grossem Eifer *(magno studio)* zusammengestellt hat. Die Bände 5 und 7 sind verloren, aber in den erhaltenen sechs Bänden manifestiert sich uns in einmaliger Breite eine vielfältige Palette barocker Rhetorik und Sprachspielerei, aber auch der Gelehrsamkeit jener Zeit.

Der zweite Band, zusammengestellt 1673, enthält so genannte *Aggratulationes*, die Ulrich Aichhaim aus damals noch vorhandenen Einzelblättern abgeschrieben haben dürfte. Von den Originalen, die aus der Zeit der Äbte Pius Reher (1630–1654) und Gallus Alt (1654–1687) stammen und sicherlich von einiger Qualität, vielleicht gar illustriert waren, ist keines erhalten geblieben. Mit Glückwunschadressen pflegten in jener Zeit die Klosteroberen (Abt, Dekan, Subprior, Offizial, etc.) beschenkt zu werden. Der Band bietet eine beeindruckende Fülle an Gratulationsadressen. Hier drei kleine Kostproben:

P. Laurentius Egger (1599–1655) wurde 1638 als Prior von St.Johann von seinen Mönchen mit zehn kunstvollen lateinischen Hexametern geehrt, die auf seine Tugenden Bezug nehmen und formal sowohl ein Akrostichon, ein Mesostichon und ein Telostichon bilden, d.h., die ersten, mittleren und letzten Buchstaben einer Zeile ergeben, fortlaufend vertikal von oben nach unten gelesen, denselben Namen: LAVRENTIVS (fol. $183^{r}$–$^{v}$). Zum Dekan und damit zum Stellvertreter des Abtes in St.Gallen aufgestiegen, ehrten ihn seine 80 Mitmönche mit 80 Anagrammen. Die zehn Buchstaben seines Namens wurden so kunstvoll umgestellt, dass es jeweils wieder einen auf ihn abgestimmten Sinn ergab, etwa: ERIS VT LVNA – TV NIL SERVA – TV LAUS VENI – E LVNA RITVS, dies in 80 Varianten, begleitet jeweils von erklärenden Versen (fol. $185^{v}$–$194^{r}$).

Für den Namenstag von Abt Gallus Alt im Jahre 1669 – gefeiert wurde in Klöstern damals (wie heute) der Namenstag, nicht der Geburtstag – schufen Mönche lateinische Chronogramme. Im Satz «HoDIe GaLLo feLIX trIVMphat PatrIa» (Heute frohlockt das glückliche Vaterland dem Gallus) ergeben die lateinischen Zahlbuchstaben (I = 1, V = 5, etc.) addiert genau die Jahrzahl 1669.

*Zentralbibliothek Zürich, Ms. D 76A (fol. $186^{r}$) – Papier – 354 Blätter – 21 x 16,5 – Kloster St.Gallen – 1673.*

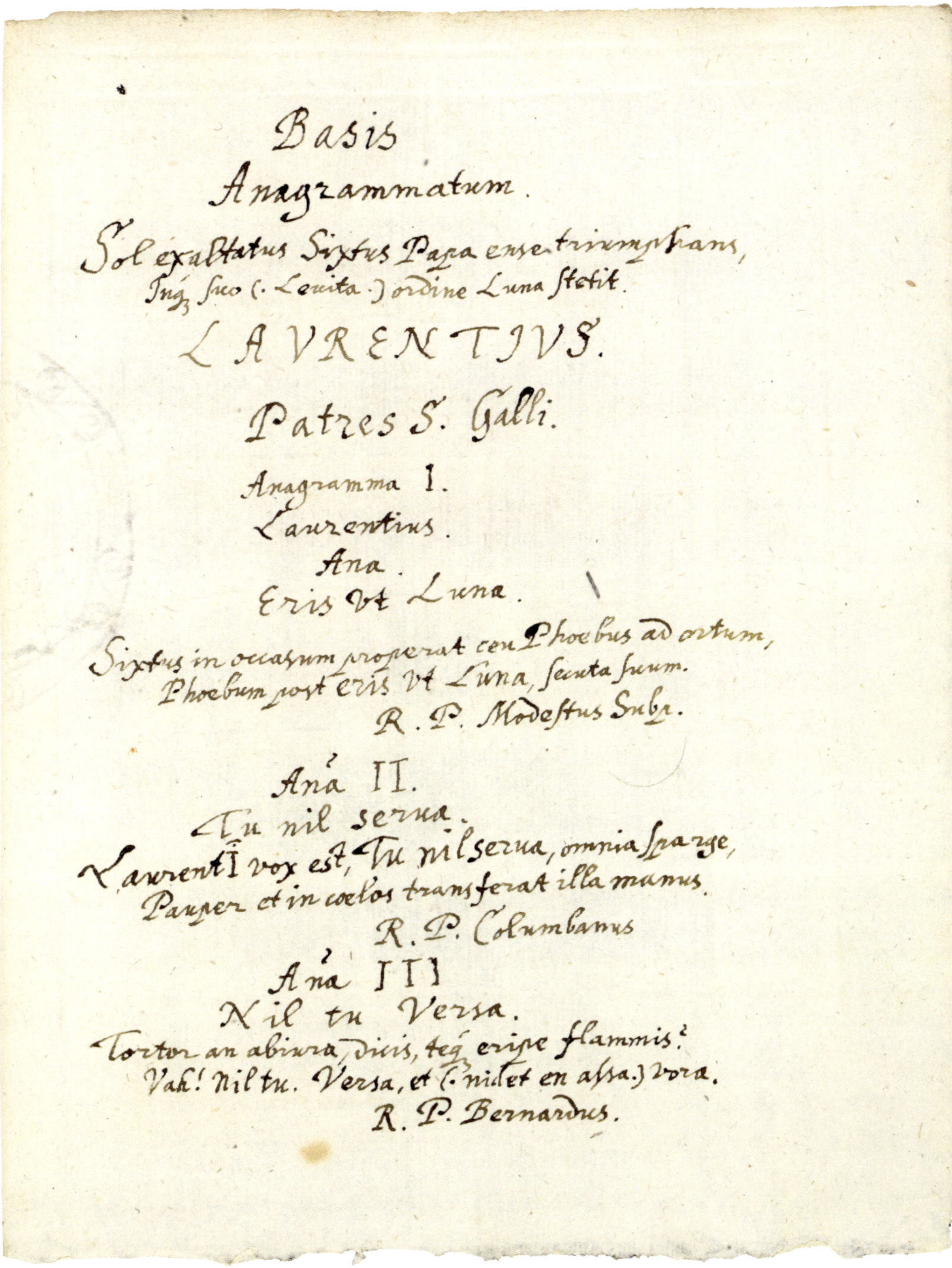

Basis
Anagrammatum.

Sol exaltatus Sixtus Papa esse triumphans,
Inq; suo (. Levita .) ordine Luna stetit.

LAVRENTIVS.

Patres S. Galli.

Anagramma I.
Laurentius.
Ana.
Eris Vt Luna.

Sixtus in occasum properat ceu Phoebus ad ortum,
Phoebum post eris Vt Luna, secuta suum.
R. P. Modestus Subp.

Ana II.
Tu nil serua.

LaurentI vox est, Tu nil serua, omnia sparge,
Pauper et in coelos transferat illa manus.
R. P. Columbanus

Ana III
Nil tu Versa.

Tortor an abiura, dicis, teq; eripe flammis?
Vah! Nil tu. Versa, et (. videt en assa.) vora.
R. P. Bernardus.

# Kunstvolle Reden von St.Galler Mönchen über religiöse Themen

Der sechste Band der von Pater Ulrich Aichhaim (1626–1675) zusammengestellten poetischen Werke von St.Galler Mönchen bietet vorwiegend Deklamationen und Reden, die einerseits als Übungen im Rhetorik-Unterricht entstanden sind und andererseits für bestimmte feierliche Anlässe verfasst wurden.

Inhaltlich befassen sich die Verse hauptsächlich mit religiösen Themen: Da beschäftigt sich P. Chrysostomus Stipplin (1609–1672) in ausführlichen Reden, einem Epitaph oder einem fiktiven Brief an den nach Ägypten geflüchteten Christus über das Blutbad des Herodes an den Unschuldigen Kindern (fol. $102^r$). P. Michael Widenmann schreibt (fol. $208^v$) über die Teufelsaustreibung des Gründerheiligen Gallus an der Tochter des alemannischen Herzogs Gunzo, und P. Simon von Freiburg (1621–1658) verfasst eine Rede über die Geburt Christi (fol. $137^r$). Die nicht-theologischen Texte sind spärlich. Zu nennen ist etwa ein Versuch, zwölf Anagramme zum Wort «Rhetorica» mit erklärenden Versen zu verfassen (fol. $156^r$), etwa *O hic terra!* oder *Ah certior.*

In der Handschrift sind, teilweise in späteren Abschriften, teilweise im Original, auch Dichtungen aus dem 16. Jahrhundert überliefert. So verfasste P. Bernhard Müller (1557–1630), Abt von St.Gallen zwischen 1594 und 1630, als junger Student in Dillingen 1580 Deklamationen über die Eucharistiefeier.

Man findet auch Verse, die nicht-sanktgallische Autoren schrieben: P. Johannes aus Fulda, einer von mehreren Mönchen aus dem hessischen Kloster, die während des Dreissigjährigen Krieges in die Schweiz geflohen waren, schuf ein Epos über die Wurzel Jesse (fol. $267^r$), und aus dem Jahre 1587 ist (fol. $302^r$) ein Akrostichon eines Desiderius Johannes Scaevola mit Glückwünschen für Abt Joachim Opser (1577–1594) enthalten: *Ioachimus Opserus Abbas Sancti Galli Princepsque felix vivat in Christo semper* (Joachim Opser, Abt und Fürst von St.Gallen, möge stets glücklich in Christus leben!). Die ersten Buchstaben jeder Verszeile ergeben diesen Wunsch. Eine fast monumentale Dichtung mit 12 Meditationen zum Leben Christi schuf der Vater von P. Simon von Freiburg, der frühere Bürgermeister von Villingen. Die Meditationen erstrecken sich über beinahe 100 Seiten!

Das abgebildete Titelblatt aus dem Jahr 1655 ist das einzige mit einem gewissen künstlerischen Anspruch. P. Ulrich Aichhaim schrieb den Text, der damals schon von Tuberkulose geschwächte Pater Matthias Roth (1618–1656) zeichnete eine monumental wirkende Tempelanlage.

*Zentralbibliothek Zürich, Ms. D 77 (vor fol. 1) – Papier – IV + 417 Blätter – 19,8 x 15,5 – Kloster St.Gallen – 1655 (Reden und Dichtungen gehen bis ins Jahr 1580 zurück).*

Tomus VI.
Carminu
Tomus
complectens Libru II.
Versuum Heroicoru
seu
Declamationum
quas maiore ex parte è Com-
positionibus
S. Galli et nonnunque
aliunde collegit F. Udelricq
Professus ibidem
Anno 1655.
IHS
F. Matthias sculpsit.

## St.Galler Mönche des 17. Jahrhunderts als Verseschmiede für die unterschiedlichsten Anlässe

«Tomus VIII carminum a reverendissimis patribus et fratribus Sancti Galli olim compositorum quae reverendissimus pater Udalrich Aicheim collegit A°73». Die Übersetzung des Titels des achten Bandes der Sammlung Aichhaim lautet: «Der achte Band der von ehrwürdigen Patres und Fratres von St.Gallen verfassten Gedichte, die der ehrwürdige Pater Ulrich Aichhaim im Jahre [16]73 zusammengestellt hat».

Die 391 Blätter dieser Handschrift, beschrieben von verschiedenen Händen, enthalten eine riesige, wissenschaftlich bisher nicht ausgeschöpfte Fülle von Versen zu den unterschiedlichsten Themen. Man findet Dichtungen zu Translationsfeierlichkeiten (1654: Translation der Katakombenheiligen Antoninus und Theodorus), Gedichte zu den Tagesheiligen *(Calendarium poeticum sanctorum)*, Verse zu den wichtigsten europäischen Herrschergestalten und Nationen «in dieser kriegerischen Zeit» (*huius temporis bellicosi;* Dreissigjähriger Krieg 1618–1648), fiktive Grabinschriften zu den berühmten St.Galler Mönchs- und Abtspersönlichkeiten wie auch Epitaphien zu vielen im 17. Jahrhundert verstorbenen St.Galler Mönchen und Laienbrüdern, Gratulationsgedichte für Festtage, Gedichte über verschiedene als Häretiker bezeichnete Reformatoren (u.a. Luther, Zwingli, Calvin, Hus) oder Logogriphen (Buchstabenrätsel) anlässlich von Namenstagen von Klosteroberen. Die Verfasser der Carmina sind in der Regel St.Galler Mönche des 17. Jahrhunderts. Hier stösst man auf grössere und kleinere Werke herausragender Mönchspersönlichkeiten wie der Theaterautoren Athanasius Gugger (1608–1669) oder Jakob von Tschernemell (1619–1674), des Theologen Johannes Geiger (1598–1644) oder des Rechtsgelehrten Basilius Renner (1609–1653).

Auf der abgebildeten Seite findet man je zwei lateinische und deutsche Epitaphien für den Mönch und Reklusen Hartker († 1011):

*Wer ist im selb so scharff unnd streng,*
*als Hartker in der Cellen eng.*
*Sein Leib casteyet er hartigklich,*
*den Geist thuot laiten über sich.*
*Ein rechter Marterer fürwar,*
*lebt also dreyssig ganzer Jahr.*

*In seinem Todt die Heilgen sieht*
*Mit Freüd den Gruoss zue inen*
*spricht.Hartker, der selb sich eingespert,*
*Sein Leben in ein bessres kehrt.*
*Dem wünsch ich, dass er aufferstand*
*Dir, Christe, zu der rechten Hand.*

*Zentralbibliothek Zürich, Ms. D 77B (fol. 166ʳ) – Papier – 391 Blätter – 19,8 x 15,5 – Kloster St.Gallen – Gedichte aus der Zeit von 1628 bis 1672, Zusammenstellung 1673.*

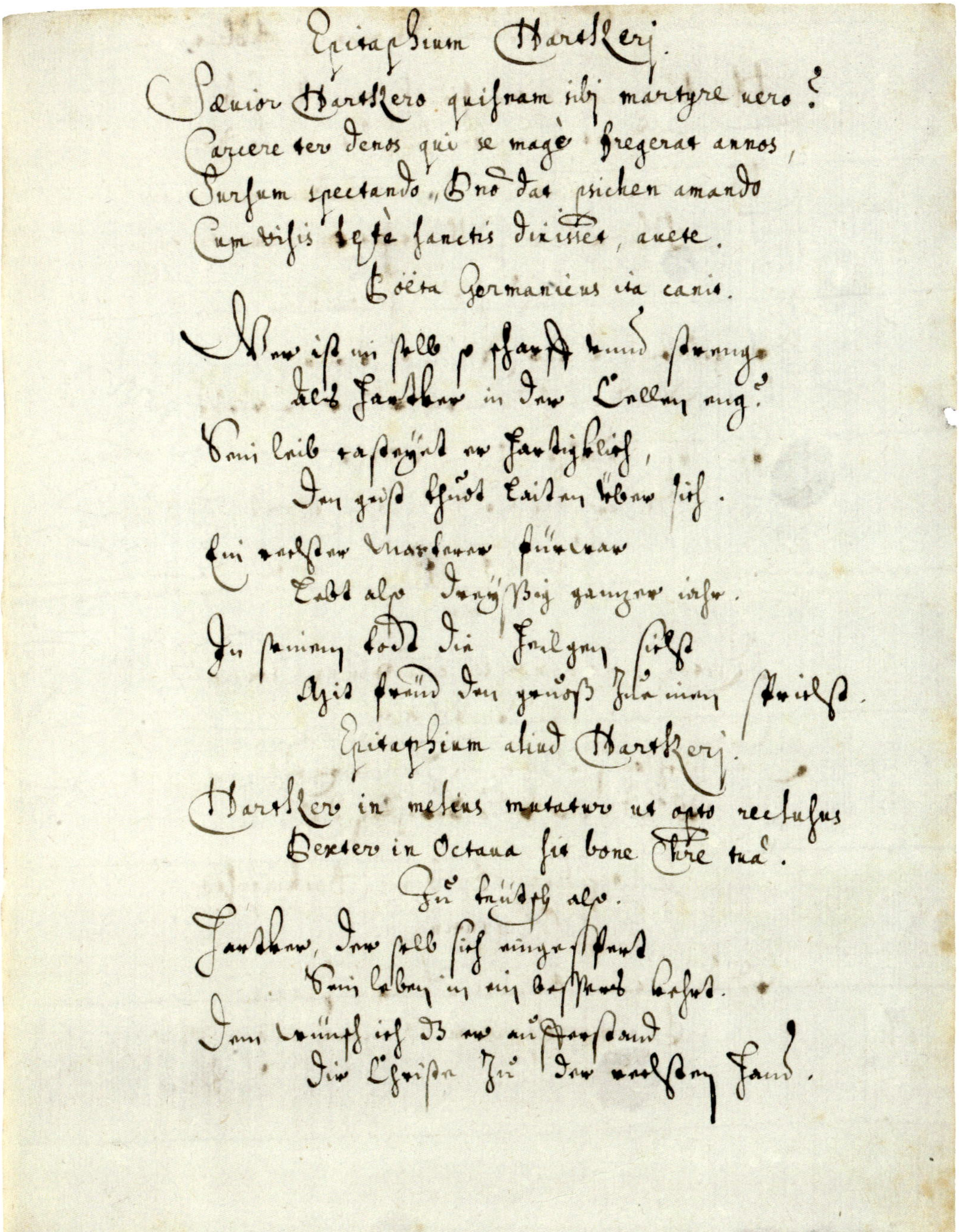

Epitaphium Hartkerj.

Saevior Hartkero quisnam sibi martyre vero?
Carcere ter denos qui se mage fregerat annos,
Sursum spectando, Dno dat psichen amando
Cum dictis ... sanctis dixisset, avete.

Poëta Germanicus ita canit.

Wer ist ein selb so scharpff vnnd streng,
Als Hartker in der Zellen eng?
Sein leib castyget er hartiglich,
Den geist thuot laiden [illegible] sich.
Ein rechter Marterer fürwar
Lebt also dryssig gantzer iahr.
In seinem todt die heilgen sicht
Mit freüd den geist zu inen striche.

Epitaphium aliud Hartkerj.

Hartker in meliùs mutatur ut opto reclusus
Dexter in Octava sit bone Christe tua.

Zu tüdtsch also.

Hartker, der selb sich ingespert
Sein leben in ein bessers kehrt.
Den wünsch ich dz er aufferstand
Die Christe zu der rechten hand.

# Der St.Galler Klosterarchivar P. Chrysostomus Stipplin dichtet Verse für alle Heiligenfeste des Jahres

Die Handschrift Ms. D 219 der Zentralbibliothek Zürich ist eine Sammelhandschrift, die aus fünf verschiedenen Teilen zusammengesetzt ist. Den mit Abstand grössten Teil machen die kurzen Verse zu den Tagesheiligen aus, die P. Chrysostomus Stipplin (1609–1672) nach 1630 verfasste. Ein zweiter handschriftlicher Teil von geringem Umfang bildet die Abschrift von Psalm 91, die Georg Balticus, ein Ulmer Patriziersohn, der zum katholischen Glauben übergetreten war, im Jahre 1595 dem St.Galler Abt Bernhard Müller widmete. Den restlichen Teil des Bandes nehmen drei seltene kleinformatige Drucke des 16. Jahrhunderts ein:

- Bernhard Legner, Septem psalmi poenitentiales, Mainz 1576, gewidmet dem St.Galler Abt Othmar Kunz (1564–1577).
- Johannes Hartmann, De dulcissima sententia Davidis [zu Kap. 17 des 1. Buchs Paralipomenon], o.J., gewidmet dem St.Galler Abt Joachim Opser (1577–1594).
- Wolfgang Betulanus, Rudimenta doctrinae christianae, Konstanz 1592.

P. Chrysostomus Stipplin war eine der herausragenden Mönchspersönlichkeiten des 17. Jahrhunderts. Noch vor seiner Priesterweihe betätigte er sich – vor allem anlässlich der Translation der Reliquien der Heiligen Otmar und Notker in die neue Otmarskirche 1628 – als Dichter in den Sprachen Latein, Griechisch und Deutsch. Die grössten Verdienste erwarb er sich als Klosterarchivar. Einer seiner Nachfolger im Amt, P. Ildefons von Arx (1755–1833), schrieb: «War ein unermüdlicher Archivar. Er brachte sein ganzen Leben mit Sammeln und Schreiben zu».

Auf über 600 Seiten sind hier seine lateinischen Verse zu Leben und Werk von mehreren hundert Heiligen rund ums Kirchenjahr überliefert. Besonders sanktgallische Heilige, etwa Gallus, erhielten mehrfache Würdigungen. Aber auch dem übrigen bekannteren «stiftsanktgallischen Klosterpersonal» widmete er kürzere oder längere Gedichte, so Tuotilo († 913?; 27.4.), Abt Purchart I. (958–971; 14.10.) oder – wie hier auf dem oberen Teil der Seite abgebildet – Abt Immo (976–984; 28.9.). Stipplin hob vor allem dessen Einsatz um die Vermehrung des Kirchenschatzes und die künstlerische Ausgestaltung der klösterlichen Kirchen und Kapellen hervor: *Cellas iconibus replevit Immo / Et templum statuis replevit Immo…*

Stipplin würdigte auch Abt Bernhard Müller (1594–1630) am Kalendertag seines Todes (18.12.) in zwei Gedichten. Dies ergibt den «Terminus post quem» für die Datierung von Stipplins Werk: nach 1630.

*Zentralbibliothek Zürich, Ms. D 219 (fol. 191v) – Papier – 379 Blätter – 15,4 x 9,5 – Kloster St.Gallen – nach 1630.*

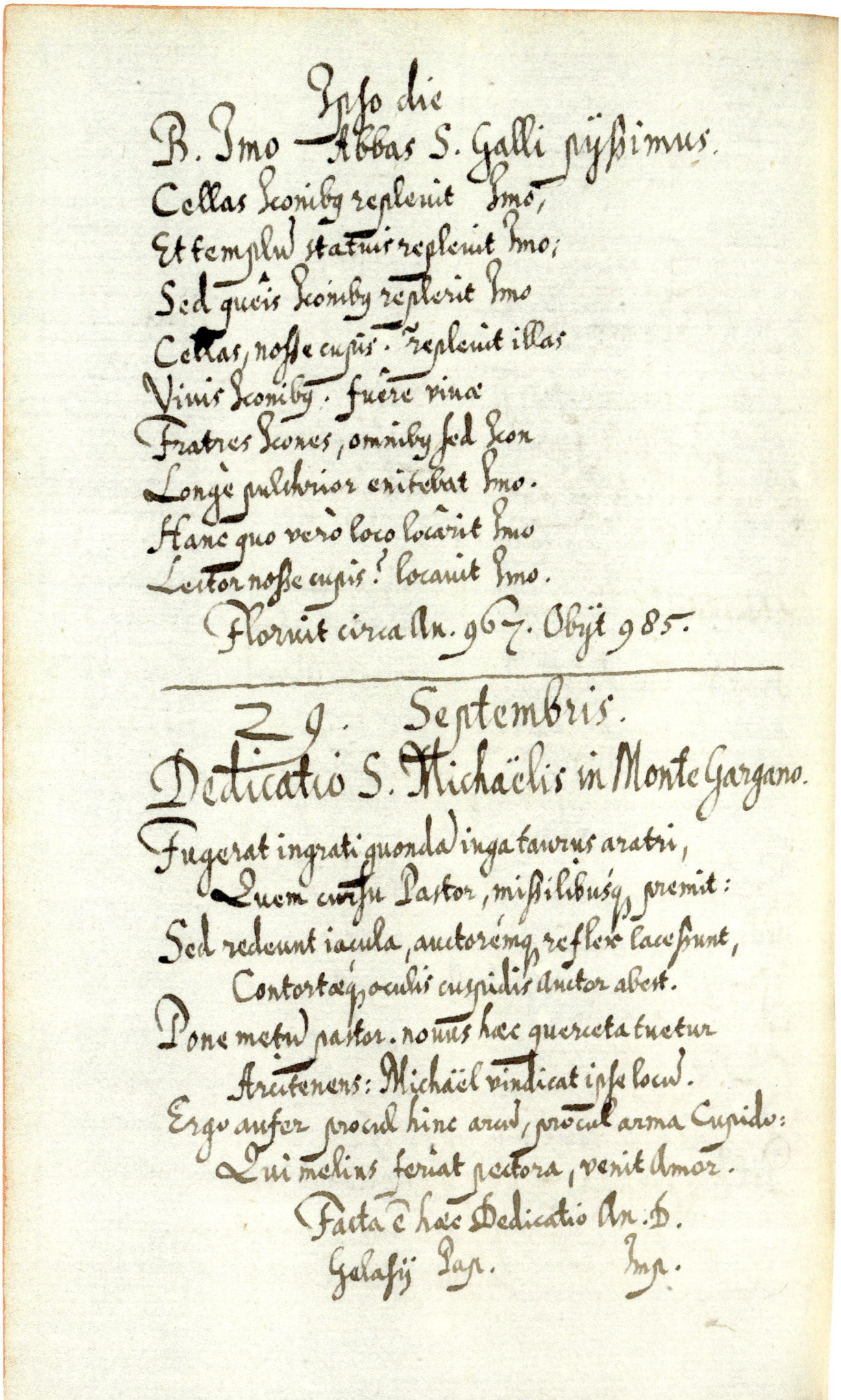

Ipso die

B. Imo Abbas S. Galli pijssimus.

Cellas leonibus replevit Imo,
Et templum statuis replevit Imo;
Sed queis leonibus repleverit Imo
Cellas, nosse cupis? repleuit illas
Vivis leonibus: fuere vina.
Fratres leones, omnibus sed leon
Longe pulchrior enitebat Imo.
Hanc quo vero loco locarit Imo
Lector nosse cupis? locauit Imo.

Floruit circa An. 967. Obijt 985.

29. Septembris.

Dedicatio S. Michaëlis in Monte Gargano.

Fugerat ingrati quondam iuga taurus aratri,
Quem cursu Pastor, missilibusque premit:
Sed redeunt iacula, auctoremque reflexa lacessunt,
Contortaeque oculis cuspidis auctor abest.
Pone metum pastor. nouus haec quereta tuetur
Arcitenens: Michaël vindicat ipse locum.
Ergo aufer procul hinc arcum, procul arma Cupido:
Qui melius feriat pectora, venit Amor.

Facta e haec Dedicatio An. D.
Gelasij Pap. Imp.

## Frater Gallus Schindler übersetzt die Ordensregel des heiligen Benedikt ins Griechische

Der aus Luzern gebürtige Johann Jakob Schindler (1643–1710) kam als 14jähriger im Jahre 1657 ins Kloster St.Gallen, legte drei Jahre später seine Professgelübde ab und nahm den Namen des Hauspatrons Gallus an. Bis zur Priesterweihe und Primiz im Jahre 1667 studierte er an der hauseigenen theologischen Fakultät, wobei er sich zusammen mit dem späteren Abt Cölestin Sfondrati als einer der besten Schüler auszeichnete. In dieser Zeit erlernte er auch die griechische Sprache.

Sichtbares Dokument dieser Betätigung in der Sprache der alten Hellenen ist eine erhalten gebliebene Übersetzung und Kommentierung der Ordensregel des heiligen Benedikt. Gallus Schindler nennt sich mit griechischen Buchstaben am Ende seiner Regel-Abschrift auf der Rückseite von Blatt 65: ΤΕΛΟΣ. ΑΔΕΛΦΟΣ ΓΑΛΛΟΣ ΣΧΙΝΔΛΕΡ (Bruder Gallus Schindler). Der Beginn des Prologs und der Regelabschrift wie auch die einzelnen Kapitelüberschriften – letztere allerdings nicht vollständig – sind mit roter Tinte hervorgehoben. Im Anschluss an die Regelabschrift enthält das kleinformatige Bändchen weitere Gebete in griechischer Sprache. Hervorzuheben sind dabei etwa die Nennung der St.Galler Hausheiligen Gallus, Otmar, Benedikt und Notker in griechischen Lettern (71$^{v}$) oder eine griechischsprachige Allerheiligenlitanei (Beginn auf fol. 75$^{v}$). Das Erlernen der griechischen Sprache bis auf ein ansehnlich hohes Niveau gehörte in der Barockzeit zum Ausbildungsprogramm der St.Galler Mönche.

Pater Gallus Schindler hinterliess in den Akten des Klosters im Vergleich zu anderen Patres nur wenige Spuren: Aus seiner Studienzeit zwischen Profess und Priesterweihe sind in der Handschrift Ms. D 147 der Zentralbibliothek Zürich drei Reden erhalten, eine über den heiligen Benedikt und zwei über Hunde: *Laus canum* und *Vituperium canum* (Lob der Hunde, Tadel über Hunde). Pater Gallus war selten im Kloster St.Gallen tätig, sondern wirkte bis zu seinem Tod nachweislich an nicht weniger als acht Orten (als Lehrer in Mehrerau, Pfäfers und Neu St.Johann, als Pfarrer in Hemberg, St.Peterzell und Alt St.Johann, dazu im elsässischen Murbach und auf Mariaberg in Rorschach).

*Zentralbibliothek Zürich, Ms. D 227 (fol. 65$^{v}$) – Papier – 6 und 100 Blätter – 12,5 x 8 – Kloster St.Gallen – zwischen 1660 und 1667.*

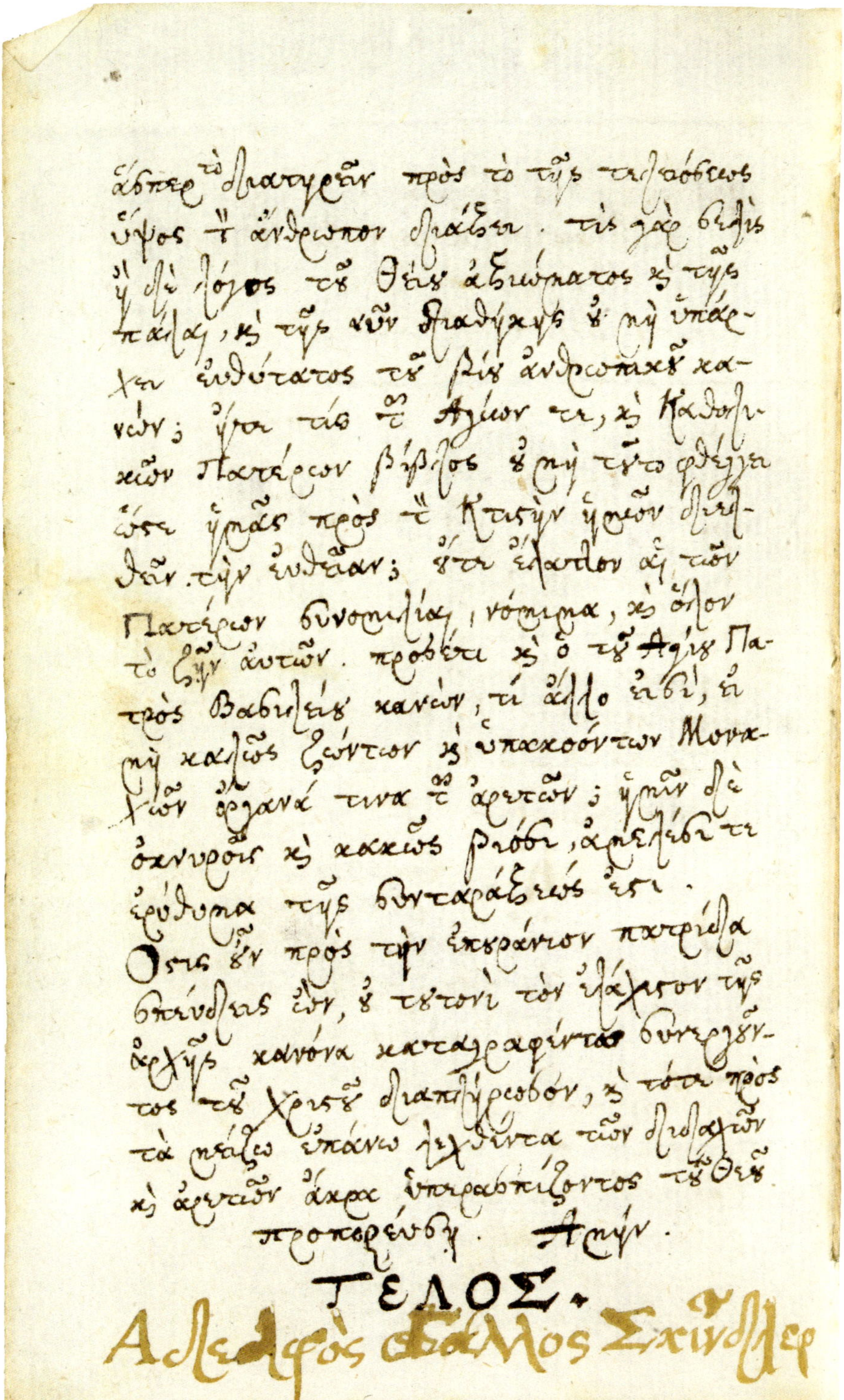
ὥσπερ τὸ διαστρέφειν πρὸς τὸ τῆς ταπεινώσεως
ὕψος τὸν ἄνθρωπον διαίρει. τίς γὰρ σεμνὸς
ἢ δὲ λόγος τοῦ θείου ἀξιώματος καὶ τῆς
παλαιᾶς, καὶ τῆς νῦν διαθήκης οὐ μὴ ὑπάρ-
χει ἐνδότατος τοῦ βίου ἀνθρωπαχοῦ κα-
νών; ἢ ποία τῶν ἁγίων τε, καὶ Καθολι-
κῶν Πατέρων βίβλος οὐ μὴ τοῦτο φθέγγεται
ὅπως ἡμᾶς πρὸς τὸν Κτίστην ἡμῶν διευ-
θύναι τὴν εὐθεῖαν; ἔτι ἔλαττον αἱ τῶν
Πατέρων συνομιλίαι, νόημα, καὶ ὅλον
τὸ ζῆν αὐτῶν. προσέτι καὶ ὁ τοῦ Ἁγίου Πα-
τρὸς Βασιλείου κανών, τί ἄλλο ἐστί, εἰ
μὴ καλῶς ζώντων καὶ ὑπακουόντων Μοναχῶν
ὄργανά τινα τῶν ἀρετῶν; ἡμῖν δὲ
ὀκνηροῖς καὶ κακῶς βιοῦσι, ἀπελέγχει τε
ἐρύθημα τῆς συνταράξεώς ἐστι.
Ὅστις οὖν πρὸς τὴν ἐπουράνιον πατρίδα
σπεύδειας ἐών, οὐ τουτονὶ τὸν ἐλάχιστον τῆς
ἀρχῆς κανόνα καταγραφέντα συνεργοῦν-
τος τοῦ Χριστοῦ διαπληρώσουσιν, καὶ τὰ πρὸς
τὰ μείζω ἐπάνω λεχθέντα τῶν διδαχῶν
καὶ ἀρετῶν ἄκρα ὑπερασπίζοντος τοῦ θεοῦ
προπορεύσῃ. Ἀμήν.

ΤΕΛΟΣ.

Ἀδελφὸς [illegible] Σχίνδλερ

## Eine Festschrift zum 50-jährigen Priesterjubiläum von Pater Aegidius Hartmann im Jahre 1766

Der heutige Begriff »Festschrift» war in jener Zeit zwar nicht gebräuchlich, aber er deckt ungefähr das ab, was Schüler, Novizen und Mönche des Klosters St.Gallen im 17. und 18. Jahrhundert mit ihren geistigen Gaben bezweckten. Sie überreichten ihrem Abt, ihrem Dekan, einem sonstwie hoch geschätzten Mönch oder einem jubilierenden Priester zu einem Festtag eine Festgabe in Form eines selbst geschriebenen, gedichteten oder übersetzten Textes. Diesen präsentierten sie meist in Form eines grösseren oder kleineren Buches, das sie möglichst prachtvoll auszuschmücken pflegten. Die Praxis, Festschriften zu schaffen und zu schenken, entwickelte sich im Kloster St.Gallen im 17. Jahrhundert und wurde im 18. Jahrhundert zu einem eigentlichen «Institut».

Der aus Luzern stammende Pater Aegidius Hartmann (1691–1776) feierte sein goldenes Priesterjubiläum am Gallustag (16. Oktober) des Jahres 1766. Aus diesem Anlass wurden für ihn mindestens fünf Festschriften geschaffen (so viele sind jedenfalls heute erhalten). Die künstlerisch prachtvollste Jubiläumsgabe wurde dem Dekan von der gesamten St.Galler Mönchsgemeinschaft geschenkt. Sie ist mit dreifacher Widmung und dazugehörigen allegorisch-emblematischen Darstellungen ausgestattet, die in sich anschliessenden Gedichten *(Carmina)*, Oden *(Odae)* und Lobpreisungen *(Elogia)* kommentiert werden. Aufgrund von Stileigenheiten dürfte die festlich geschmückte Handschrift von Pater Dominicus Feustlin (1713–1780), dem damals besten Kalligraphen des Galluskonvents, geschrieben und gemalt worden sein.

Dekan Aegidius Hartmann wird in der opulent mit Blumen, Blüten und Blättern geschmückten Festschrift gemäss dem alttestamentlichen Buch Isaias (28,5) als «herrliche Krone und Freudenkranz» *(corona gloriae et sertum exultationis)* unter dreifachem Thema gepriesen: als Sakramentenspender *(dispensator sacramentorum)*, als (wie hier zu sehen) Seelsorger *(curator animarum)* sowie als jubilierender Priester *(sacerdos in ara jubilaeus)*. In der dem ehrenvollen Attribut «Seelsorger» folgenden Ausdruck *SenIorI In MVLtIpLICatIs fILIIs DeI praepotentI* versteckt sich ein damals äusserst beliebtes Chronogramm. Die römischen Zahlbuchstaben I für 1, V für 5, X für 10 etc. ergeben zusammengezählt genau die Jahrzahl 1766.

*Stiftsbibliothek St.Gallen, Handschrift Nr. 1436 (S. 27) – Papier – 58 Seiten – 33 x 21,2 – Kloster St.Gallen – 1766.*

CORONA
GLORIÆ
Et Sertum Exul=
tationis, Jsaj. 28. v. 5.
CURATORI
ANIMARUM
SenIorI
In MVLtIpLICatIs
FILIJs DEI
Præpoten=
tI.

# Ein Verzeichnis der Münzen römischer Kaiser aus dem Jahre 1792 für Fürstabt Beda Angehrn

Pater Anselm Caspar, 1768 in Lachen SZ geboren, legte im Jahre 1788 vor der St.Galler Mönchsgemeinschaft die ewige Profess ab und wurde 1794 zum Priester geweiht. Vor der Auflösung des Klosters im Jahre 1798 wurde er in der Funktion des Unterbibliothekars eng mit den Schätzen der Bibliothek vertraut. Nach der Aufhebung des Klosters war er 26 Jahre lang, bis 1826, Pfarrer der grossen Kirchgemeinde Rorschach. Drei Jahre wirkte er anschliessend bis zu seinem Tod 1829 als Spiritual und Beichtvater der Kapuzinerinnen von Rorschach (heute St. Scholastika Tübach).

In den Jahren 1791 bis 1794 stellten die Fratres Juniores, die zukünftigen Mönche im Lebensabschnitt zwischen Profess und Priesterweihe, unter ihnen Anselm Caspar, nach Sachgruppen geordnete Verzeichnisse der damals berühmten Münzsammlung im Manuskriptenkabinett der Bibliothek zusammen. Die Serie begann 1791 mit dem beschreibenden Verzeichnis der Silbermünzen von römischen Familien (Cod. Sang. 1497) und einer Auflistung der Kupfermünzen der römischen Kaiser von Julius Caesar (ca. 50 v.Chr.) bis Antoninus Pius (138–161 n.Chr.; Cod. Sang. 1491).

Im Jahre 1792 kamen drei weitere Verzeichnisse dazu, darunter auch die hier vorzustellende kommentierende Auflistung der Silbermünzen römischer Kaiser von Julius Caesar über Trajan, Hadrian und unter Miteinbeziehung aller Neben- und Gegenkaiser bis zu Justinian (527–565). Anselm Caspar beschrieb die erste Seite mit einem in Tinte kalligraphierten Titelblatt *(Imperatorum Romanorum numismata argentea...)* und kreierte auf der darauffolgenden Recte-Seite die bibliophile Widmungsadresse an den Empfänger dieses Verzeichnisses, Abt Beda Angehrn (1767–1796). Von Blumen und Blüten umrankt, nennt Frater Anselm darin in lateinischer Sprache einige Ehrentitel, die sein Abt tragen durfte: Abt der Klöster St.Gallen und (Neu) St. Johann im Thurtal, Graf des Toggenburgs, Ritter des den St.Galler Äbten von Savoyen seit 1686 verliehenen Annuntiatenordens.

Hohe Qualität besitzt der feine hellbraune Kalbsledereinband des Münzverzeichnisses. Der Buchschnitt ist vergoldet, rund um den vorder- und rückseitigen Deckel verlaufen goldene Ornamente und figurale Verzierungen, und in der Mitte prangt, vorne und hinten, das mit verschiedenen Attributen geschmückte goldgeprägte Wappen von Abt Beda.

*Stiftsbibliothek St.Gallen, Handschrift Nr. 1490 (Einband) – Papier – 252 Seiten – 32,8 x 21 – Kloster St.Gallen – 1792.*

# Anhang

## Abgekürzt zitierte Literatur

Cimelia = KARL SCHMUKI, PETER OCHSENBEIN, CORNEL DORA, Cimelia Sangallensia. Hundert Kostbarkeiten aus der Stiftsbibliothek St.Gallen, St.Gallen ²2000.

COUSIN, Quintilien = JEAN COUSIN, Recherches sur Quintilien. Manuscrits et éditions, Paris 1975.

VON EUW, Buchkunst = ANTON VON EUW, Die St.Galler Buchkunst vom 8. bis zum Ende des 11. Jahrhunderts (= Monasterium Sancti Galli, Bd. 3), St.Gallen 2007 (im Druck).

GAGLIARDI / FORRER = ERNST GAGLIARDI und LUDWIG FORRER, Katalog der Handschriften der Zentralbibliothek Zürich II: Neuere Handschriften seit 1500, Zürich 1982.

Glossenhandschriften = Katalog der althochdeutschen und altsächsischen Glossenhandschriften, bearb. von ROLF BERGMANN und STEFANIE STRICKER, 6 Bde., Berlin/New York 2005.

Metzler Lexikon = Metzler Lexikon antiker Autoren, hrsg. von OLIVER SCHÜTZE, Stuttgart/Weimar 1997.

MOHLBERG, Katalog = LEO CUNIBERT MOHLBERG, Katalog der Handschriften der Zentralbibliothek Zürich I: Mittelalterliche Handschriften, Zürich 1952.

NICKEL, Lexikon = RAINER NICKEL, Lexikon der antiken Literatur, Düsseldorf/Zürich 1999.

PAULY, Enzyklopädie = Der neue Pauly. Enzyklopädie der Antike, hrsg. von HUBERT CANCIK und HELMUT SCHNEIDER, 18 Bde., Stuttgart/Weimar 1996–2003.

SCARPATETTI, Handschriften = BEAT VON SCARPATETTI, Die Handschriften der Stiftsbibliothek St.Gallen, Bd. 1, Abt. IV: Codices 547–669, Hagiographica, Historica, Geographica, 8.–18. Jahrhundert, Wiesbaden 2003.

SCHERRER, Verzeichniss = GUSTAV SCHERRER, Verzeichniss der Handschriften der Stiftsbibliothek von St.Gallen, Halle 1875.

Seneca = Seneca. Una vicenda testuale, hrsg. von TERESA DE ROBERTIS und GIANVITO RESTA, Florenz 2004.

Vom Staub und Moder = KARL SCHMUKI, ERNST TREMP, Vom Staub und Moder im Hartmut-Turm zum Wiederaufblühen der Harfenklänge der Musen an den Wasserfällen der Steinach. Die Klosterbibliothek von St.Gallen im Spätmittelalter, St.Gallen 2001.

## Literatur zur historischen Einführung (Geschichte des Kulturgüterstreits)

Die Literatur über den Verlauf der Kriegshandlungen während des 2. Villmergerkrieges (auch Toggenburger Krieg genannt) und der Besetzung der stiftsanktgallischen Lande durch Berner und Zürcher Truppen ist breit, alle umfassenden Darstellungen der Schweizer Geschichte des 18. Jahrhunderts widmen diesem Ereignis grösseren Raum. An Einzelstudien sind (in kleiner Auswahl) zu nennen:

FRANZ WEIDMANN, Geschichte der Bibliothek von St.Gallen seit ihrer Gründung um das Jahr 830 bis auf 1841, St.Gallen 1841, bes. S. 87–111 und 423–441. – ALFRED MANTEL, Über die Veranlassung des Zwölfer- oder zweiten Villmergerkriegs in den Jahren 1706–1712 (= Schweizerische Studien zur Geschichtswissenschaft Bd. 1, Heft 3), Zürich 1909. – ANTON LARGIADÈR, Das abt-st.gallische Archiv in Zürich, in: Festschrift Hans Nabholz zum 60. Geburtstag, hrsg. von Ernst Meyer u.a., Zürich 1934, S. 329–341. – VICTOR BUNER, Offizial Johann Georg Schenkli 1654–1728. Der st.gallische Klosterstaat im Spannungsfeld zürich-bernischer Politik während des äbtischen Exils 1712–1718, Rorschach 1974. – RAINER J. SCHWEIZER, KAY HAILBRONNER, KARL HEINZ BURMEISTER, Der Anspruch von St.Gallen auf Rückerstattung seiner Kulturgüter aus Zürich, Zürich/Basel/Genf 2002. – Wortlaut und Erläuterungen zur Vermittlungsvereinbarung vom 27. April 2006 betreffend die abschliessende Beilegung des Kulturgüterstreits zwischen St.Gallen und Zürich.

## Literatur zum Erd- und Himmelsglobus

FRANZ GRENACHER, Der sog. St.-Galler Globus im Schweiz. Landesmuseum: Vermutungen über seine Herkunft und Feststellungen zu seiner Konstruktion, in: Zeitschrift für Schweizerische Archäologie und Kunstgeschichte 21 (1961), S. 66–78. – ALOIS FAUSER, Kulturgeschichte des Globus, München 1973, S. 96–99. – HANS-PETER HÖHENER, Der St.Galler Globus. Ein Beutestück aus dem Zweiten Villmergerkrieg 1712, in: Zentralbibliothek Zürich: Schatzkammer der Überlieferung, hrsg. von ALFRED CATTANI und BRUNO WEBER, Zürich 1989, S. 58–61 und 167–168 (ähnlich auch DERS., Der St.Galler Globus 1712. Ein Beutestück aus dem Zweiten Villmergerkrieg, in: Zentralbibliothek Zürich: Lust zu schauen und zu lesen, hrsg. von ALFRED CATTANI, Zürich 1994, S. 34–35). – LUCAS WÜTHRICH, MYLÈNE RUOSS und KLAUS DEUCHLER, Schweizerisches Landesmuseum Zürich: Katalog der Gemälde, Bern 1996, S. 107–108.

## Literatur zur VITRINE 1: Notker der Deutsche

Zur Handschrift Nr. 621 der Stiftsbibliothek St.Gallen:
SCHERRER, Verzeichniss, S. 202. – PETER OCHSENBEIN, Zum Nachleben des Notker Labeo, in: De consolatione philologiae. Studies in Honor of Evelyn S. Firchow, hrsg. von ANNA GROTANS u.a. (= Göppinger Arbeiten zur Germanistik Nr. 682/1), Göppingen 2000, S. 299–315. – SCARPATETTI, Handschriften, S. 219–221. – HEIDI EISENHUT, Die Glossen im Codex Sangallensis 621, Diss. Zürich 2006 (im Druck).

Zur Handschrift Ms. C 98 der Zentralbibliothek Zürich:
MOHLBERG, Katalog, S. 51–52. – JAMES C. KING und PETRUS W. TAX (Hrsg.), Notker der Deutsche, Die kleineren Schriften (= Althochdeutsche Textbibliothek 109), Tübingen 1996, S. XXI–XXIII, XXXI–XLIX, LXXIX–LXXXVII, 1–104 und 195–265. – PETRUS W. TAX, Die lateinischen Schriften Notkers des Deutschen, in: Beiträge zur Geschichte der deutschen Sprache und Literatur 124 (2002), S. 411–441.

Zur Handschrift Ms. C 121 der Zentralbibliothek Zürich:
MOHLBERG, Katalog, S. 59. – JAMES C. KING und PETRUS W. TAX (Hrsg.), Notker der Deutsche, Die kleineren Schriften (= Althochdeutsche Textbibliothek 109), Tübingen 1996, S. L–XCV und 105–309.

Zur Notkers Musiktraktat (Handschrift Nr. 242 der Stiftsbibliothek St.Gallen):
SCHERRER, Verzeichniss, S. 88–89. – ANDREAS TRAUB, Der Musiktraktat Notkers des Deutschen, in: Deutsche Literatur und Sprache von 1050–1200. Festschrift für Ursula Hennig, hrsg. von ANNEGRET FIEBIG und HANS-JOCHEN SCHIEWER, Berlin 1995, S. 333–345. – MARTIN VAN SCHAIK, Notker Labeo «De musica». Edition, Übersetzung und Kommentar, Utrecht 1995. – JAMES C. KING und PETRUS W. TAX (Hrsg.), Notker der Deutsche, Die kleineren Schriften (= Althochdeutsche Textbibliothek 109), Tübingen 1996, S. CXVII–CXXVIII und 329–346. – Cimelia, S. 116.

Zur Handschrift Nr. 1257 der Stiftsbibliothek St.Gallen:
SCHERRER, Verzeichniss, S. 435–436. – PETER OCHSENBEIN, Zum Nachleben des Notker Labeo, in: De consolatione philologiae. Studies in Honor of Evelyn S. Firchow, hrsg. von ANNA GROTANS u.a. (= Göppinger Arbeiten zur Germanistik Nr. 682/1), Göppingen 2000, S. 299–315

## Literatur zur VITRINE 2: Texte der klassischen Antike

Einleitend zu Klassikertexten im ehemaligen Kloster St.Gallen:
COUSIN, Quintilien, S. 50–70. – Vom Staub und Moder, S. 14–26.

Zur Horaz-Handschrift Nr. 864 der Stiftsbibliothek St.Gallen:
SCHERRER, Verzeichniss, S. 297f. – KARL SCHMUKI, in: Cimelia, S. 128f.

Zur Apocolocynthosis-Handschrift Nr. 569 der Stiftsbibliothek St.Gallen:
RENATA RONCALI (Hrsg.), L. Annaei Senecae Apocolocynthosis (= Bibliotheca scriptorum Graecorum et Romanorum Teubneriana), Leipzig 1990. – SCARPATETTI, Handschriften, S. 70–74. – Seneca, S. 327–341. – PAULY, Enzyklopädie, Bd. 11, Sp. 411–419.

Zum Pseudo-Seneca-Briefwechsel im Ms. C 129 der Zentralbibliothek Zürich:
Seneca, S. 355–371. – PAULY, Enzyklopädie, Bd. 11, Sp. 411–419. – MOHLBERG, Katalog, S. 62. – Glossenhandschriften, Bd. 4, S. 1900f., Nr. 1004.

Zur Lukan-Handschrift Nr. 863 der Stiftsbibliothek St.Gallen:
SCHERRER, Verzeichniss, S. 297. – KARL SCHMUKI, in: Cimelia, S. 114f.

Zur Quintilian-Handschrift Ms. C 74a der Zentralbibliothek Zürich:
Literatur: MOHLBERG, Katalog, S. 41. – COUSIN, Quintilien, S. 29–31, 50–70. – Metzler Lexikon, S. 609–611. – NICKEL, Lexikon, S. 475. – PAULY, Enzyklopädie, Bd. 10, Sp. 716–721.

Zur Thebaïs des Statius im Ms. C 62 der Zentralbibliothek Zürich:
MOHLBERG, Katalog, S. 34f. – Metzler Lexikon, S. 663–666. – NICKEL, Lexikon, S. 835f. – PAULY, Enzyklopädie, Bd. 11, Sp. 925–928.

Zur Juvenal-Handschrift Nr. 871 der Stiftsbibliothek St.Gallen:
SCHERRER, Verzeichniss, S. 301f. – PAULY, Enzyklopädie, Bd. 6, Sp. 112–114. – Glossenhandschriften, Bd. 2, S. 566f., Nr. 246.

## Literatur zur VITRINE 3: Liturgica

Zur Einführung:
VON EUW, Buchkunst.

Zum «Zürcher Psalter» Ms. C 12 der Zentralbibliothek Zürich:
CHRISTOPH EGGENBERGER, in: Zentralbibliothek Zürich. Schätze aus vierzehn Jahrhunderten, hrsg. von ALFRED CATTANI und HANS JAKOB HAAG, Zürich 1991, S. 14–17, 146. – DERS., Das Psalterbild als Exegese, in: Testo e immagine nell'alto medioevo, Spoleto 1994, S. 773–798. – VON EUW, Buchkunst, Katalog Nr. 32.

Zum Perikopenbuch Ms. C 60 der Zentralbibliothek Zürich:
VON EUW, Buchkunst, Katalog Nr. 109.

Zum Liber Comitis Ms. C 77 der Zentralbibliothek Zürich:
VON EUW, Buchkunst, Katalog Nr. 110.

Zum Sacramentarium triplex Ms. C 43 der Zentralbibliothek Zürich:
ODILO HEIMING (Hrsg.), Das Sacramentarium triplex. Die Hs. 43 der Zentralbibliothek Zürich, 2 Bde. (= Liturgiewissenschaftliche Quellen und Forschungen, Heft 49), Münster 1968. – VON EUW, Buchkunst, Katalog Nr. 134.

Zur Musikhandschrift Nr. 484 der Stiftsbibliothek St.Gallen:
Stiftsbibliothek Sankt Gallen: Codices 484 und 381, kommentiert und in Faksimile hrsg. von WULF ARLT und SUSAN RANKIN, 3 Bde., Winterthur 1996.

Zur Neuerwerbung des Stundenbuchs eines vorreformatorischen St.Galler Mönchs:
The History of the Book. The Cornelius J. Hauck Collection of the Cincinnati Museum Center, Auktionskatalog Christie's New York, 2006, S. 141f. – FRIEDRICH ADOLF SCHMIDT-KÜNSEMÜLLER, Corpus der gotischen Lederschnitteinbände aus dem deutschen Sprachgebiet, Stuttgart 1980.

## Literatur zur Vitrine 4: Der gelehrte St.Galler Mönch Gall Kemli

Zu Kemlis Entwurf einer Selbstbiographie in Handschrift Nr. 919 der Stiftsbibliothek St.Gallen:
SCHERRER, Verzeichniss, S. 346. – Das Mittelrheinische Passionsspiel der St.Galler Handschrift 919, neu hrsg. v. RUDOLF SCHÜTZEICHEL, Tübingen 1978, S. 44–49. – Katalog der datierten Handschriften in der Schweiz in lateinischer Schrift vom Anfang des Mittelalters bis 1550: Bd. 3: Die Handschriften der Bibliotheken St.Gallen – Zürich, bearbeitet von BEAT MATTHIAS VON SCARPATETTI, RUDOLF GAMPER und MARLIS STÄHLI, Textband, Zürich 1991, S. 290–291.

Zum Bibliothekskatalog von Kemli in Ms. A 135 der Zentralbibliothek Zürich:
PAUL LEHMANN, Mittelalterliche Bibliothekskataloge Deutschlands und der Schweiz Bd. 1: Die Bistümer Konstanz und Chur, München 1918, S. 119–135. – MOHLBERG, Katalog, S. 7. – RUDOLF SCHÜTZEICHEL, Gall Kemli. Zur Bibliothek eines wandernden Konventualen, in: DERS.: Textgebundenheit. Kleinere Schriften zur mittelalterlichen deutschen Literatur, Tübingen 1981, S. 173–199.

Zur Biblia Pauperum aus dem Besitz Kemlis (Blockbuch 1 der Stiftsbibliothek St.Gallen):
GUSTAV SCHERRER, Verzeichnis der Incunabeln der Stiftsbibliothek von St.Gallen, St.Gallen 1880, S. XV–XVI. – Blockbücher des Mittelalters. Bilderfolgen als Lektüre (Ausstellungskatalog), hrsg. von der Gutenberg-Gesellschaft und dem Gutenberg-Museum, Mainz 1991.

Zur theologischen Sammelhandschrift Nr. 605 der Stiftsbibliothek:
Katalog der datierten Handschriften in der Schweiz in lateinischer Schrift vom Anfang des Mittelalters bis 1550: Bd. 3: Die Handschriften der Bibliotheken St.Gallen – Zürich, bearbeitet von BEAT MATTHIAS VON SCARPATETTI, RUDOLF GAMPER und MARLIS STÄHLI, Textband, Zürich 1991, S. 49–50. – SCARPATETTI, Handschriften, S. 172–176.

Zur Sammelhandschrift Ms. C 101 der Zentralbibliothek Zürich:
JAKOB WERNER, Zur mittellateinischen Dichtung, in: Anzeiger für deutsches Alterthum und deutsche Litteratur 15 (1889), S. 140–141. – MAX LEHRS, Über einige Holzschnitte des fünfzehnten Jahrhunderts in der Stadtbibliothek Zürich, Strassburg 1906. – MOHLBERG, Katalog, S. 52–53. – BRUNO BOESCH, Die deutschen Schriften des St.Galler Mönchs Gallus Kemli, in: Florilegium Sangallense. Festschrift für Johannes Duft zum 65. Geburtstag, hrsg. von OTTO P. CLAVADETSCHER u.a., St.Gallen/Sigmaringen 1980, S. 123–147. – SILVIA PFISTER, Parodien astrologisch-prophetischen Schrifttums 1470–1590, Baden-Baden 1990, S. 65f. und 70f.

Zur Sammelhandschrift Ms. C 150 der Zentralbibliothek Zürich:
MOHLBERG, Katalog, S. 68–69. – ERNEST WICKERSHEIMER, Zur spätmittelalterlichen Fischdiätetik, in: Sudhoffs Archiv für Geschichte der Medizin und der Naturwissenschaften, 47 (1963), S. 411–416.

## Literatur zur Vitrine 5: Hagiographica und Poetica

Zur Einführung:
WALTER BERSCHIN, Lateinische Literatur aus St.Gallen, in: Das Kloster St.Gallen im Mittelalter. Die kulturelle Blüte vom 8. bis zum 12. Jahrhundert, hrsg. von PETER OCHSENBEIN, Darmstadt 1999, S. 109–117. – WULF ARLT, Liturgischer Gesang und gesungene Dichtung im Kloster St.Gallen, ebenda, S. 137–165.

Zur ältesten Gallusvita:
ISO MÜLLER, Die älteste Gallus-Vita, in: Zeitschrift für Schweizerische Kirchengeschichte 66 (1972), S. 209–249. – WALTER BERSCHIN, Biographie und Epochenstil im lateinischen Mittelalter, Bd. 2, Stuttgart 1988, S. 94–99; Bd. 3, Stuttgart 1991, S. 286–298. – JOHANNES DUFT, Die Quellen zum Gallus-Leben, in: DERS., Die Abtei St.Gallen, Bd. 2: Beiträge zur Kenntnis ihrer Persönlichkeiten, Sigmaringen 1991, S. 11–27.

Zum Passionale Ms. C 10i der Zentralbibliothek Zürich:
Literatur: MOHLBERG, Katalog, S. 18f., 348–351. – EMMANUEL MUNDING, Das Verzeichnis der St.Galler Heiligenleben und ihrer Handschriften im Codex Sangall. Nr. 566, Beuron 1918. – ISO MÜLLER, Die frühkarolingische Passio der Zürcher Heiligen, in: Zeitschrift für Schweizerische Kirchengeschichte 65 (1971), S. 132–187. – Die Zürcher Stadtheiligen Felix und Regula. Legenden, Reliquien, Geschichte und ihre Botschaft im Licht moderner Forschung, hrsg. von HANSUELI F. ETTER u.a., Zürich 1988. – VOLKER DE VRY, Liborius, Brückenbauer Europas. Die mittelalterlichen Viten und Translationsberichte, Paderborn 1997, S. 337.

Zu den «Carmina Sangallensia» im Ms. C 78 der Zentralbibliothek Zürich:
MOHLBERG, Katalog, S. 109f. – HANS RUDOLF SENNHAUSER, Das Münster des Abtes Gozbert (816–837) und seine Ausmalung unter Hartmut, St.Gallen 1988. – VON EUW, Buchkunst, Katalog Nr. 65.

Zu Ekkeharts IV. «Versus ad picturas claustri Sancti Galli» in der Handschrift Nr. 393 der Stiftsbibliothek St.Gallen:
Der Liber Benedictionum Ekkeharts IV. nebst den kleinern Dichtungen aus dem Codex Sangallensis 393, hrsg. von JOHANNES EGLI (= Mitteilungen zur Vaterländischen Geschichte, Bd. 31), St.Gallen 1909, S. 369–381. – JOHANNES DUFT, Die Gallus-Kapelle zu St.Gallen und ihr Bilderzyklus (= 117. Neujahrsblatt des Historischen Vereins des Kantons St.Gallen), St.Gallen 1977, S. 16f. – STEFAN WEBER, Ekkehardus poeta qui et doctus. Ekkehart IV. von St.Gallen und sein gelehrt poetisches Wirken, Nordhausen 2003, S. 49–51.

Zum Messantiphonar Nr. 376 der Stiftsbibliothek St.Gallen und zum Notkerbild im Staatsarchiv des Kantons Zürich (W I 3. 19, XXXV):
VON EUW, Buchkunst, Katalog Nr. 159.

## Literatur zur VITRINE 6: Frühneuzeitliche Festschriften und Gelegenheitsdichtungen

Vorbemerkung: Literatur über frühneuzeitliche Festschriften und Gelegenheitsdichtungen gibt es praktisch keine; die Texte sind wissenschaftlich weitestgehend noch nicht ausgewertet. Deshalb hier der Sammelhinweis auf den Katalog der frühneuzeitlichen Handschriften der Zentralbibliothek Zürich von 1982, auf das Professbuch von Rudolf Henggeler, in dem die meisten der Festschriften und Gelegenheitsdichtungen wenigstens mit dem Titel genannt sind, sowie auf einen Aufsatz des Schreibenden, der sich in der Festschrift zum 80. Geburtstag von Johannes Duft erstmals etwas eingehender mit diesen unbeachteten Texten beschäftigt hat.

GAGLIARDI/FORRER, Handschriften II. – RUDOLF HENGGELER, Professbuch der fürstlichen Benediktinerabtei der heiligen Gallus und Otmar zu St.Gallen (= Monasticon-Benedictinum Helvetiae 1), Zug 1930. – KARL SCHMUKI, Festschriften aus dem barocken Kloster St.Gallen, in: Codices Sangallenses. Festschrift für Johannes Duft zum 80. Geburtstag, hrsg. von PETER OCHSENBEIN und ERNST ZIEGLER, Sigmaringen 1995, S. 147–178.

## Ausgestellte Handschriften

*St.Gallen, Stiftsbibliothek*

| | | | | | |
|---|---|---|---|---|---|
| Cod. Sang. 242: | 26 | Cod. Sang. 621: | 20 | Cod. Sang. 1257: | 28 |
| Cod. Sang. 376: | 84f. | Cod. Sang. 863: | 38 | Cod. Sang. 1436: | 100 |
| Cod. Sang. 393: | 82 | Cod. Sang. 864: | 32 | Cod. Sang. 1490: | 102 |
| Cod. Sang. 484: | 56 | Cod. Sang. 871: | 44 | Cod. Sang. 2106: | 77 |
| Cod. Sang. 569: | 34 | Cod. Sang. 919: | 62 | Cod. Sang. 2107: | 58 |
| Cod. Sang. 605: | 68 | | | Holztafeldruck I (BB links IV 9): | 66 |

*Zürich, Staatsarchiv*

W I 3.19, XXXV (Depositum der Antiquarischen Gesellschaft in Zürich): 84f.

*Zürich, Zentralbibliothek*

| | | | | | |
|---|---|---|---|---|---|
| Ms. A 135: | 64 | Ms. C 77: | 52 | Ms. D 76A: | 90 |
| Ms. C 10i: | 78 | Ms. C 78: | 80 | Ms. D 77: | 92 |
| Ms. C 12: | 48 | Ms. C 98: | 22 | Ms. D 77B: | 94 |
| Ms. C 43: | 54 | Ms. C 101: | 70 | Ms. D 219: | 96 |
| Ms. C 60: | 50 | Ms. C 121: | 24 | Ms. D 227: | 98 |
| Ms. C 62: | 42 | Ms. C 129: | 36 | | |
| Ms. C 74a: | 40 | Ms. C 150: | 72 | | |

## Verzeichnis aller als Leihgaben aus Zürich zurückgekehrten Kulturgüter

*a) Mittelalterliche Handschriften*

| *Nr.* | *Hs.-Signatur* | *Kurztitel* |
|---|---|---|
| 1 | Ms. A 135 | Sammelhandschrift des St.Galler Mönchs P. Gall Kemli mit seinem Bücherkatalog, 15. Jht. |
| 2 | Ms. A 152 | Kuchimeister, Chronik Kloster St.Gallen, 15. Jht. |
| 3 | Ms. C 10i | Passionarius maior (Heiligenlegenden), 9./10. Jht. |
| 4 | Ms. C 12 | Sog. «Zürcher Psalter», 820/30 |
| 5 | Ms. C 43 | Sacramentarium triplex, 920/30 |
| 6 | Ms. C 60 | Lektionar aus dem Kloster St.Gallen, 900/910 |
| 7 | Ms. C 62 | Sammelband mit u.a. Thebaïs des Statius, 10.-12. Jht. |
| 8 | Ms. C 74a | Quintilian, Institutio rhetorica, 10./11. Jht. |
| 9 | Ms. C 77 | Lektionar (Liber Comitis): Epistel und Evangelien, 900/910 |
| 10 | Ms. C 78 | Sammelhandschrift 9.–15. Jht. aus dem Kloster St.Gallen, mit u.a. Alkuin-Texten, dem Aachener Karlsepos, den Carmina Sangallensia |
| 11 | Ms. C 80 | Sammelhandschrift mit u.a. Alkuin-Texten, kanonistischen Texten, 9.–13. Jht. |
| 12 | Ms. C 98 | Notker der Deutsche, althochdeutscher Rhetorik- und Dialektik-Traktat, 11. Jht. |
| 13 | Ms. C 100 | Walther von Châtillon, Alexandreis, 14. Jht. |
| 14 | Ms. C 101 | Sammelhandschrift des St.Galler Mönchs P. Gall Kemli, 15. Jht. |
| 15 | Ms. C 121 | Sammelband mit Texten des Isidor von Sevilla, von Beda Venerabilis und Notker dem Deutschen, 11. Jht. |
| 16 | Ms. C 129 | Sammelband mit u.a. Liber hermeneumatum, 9. Jht. |
| 17 | Ms. C 150 | Sammelband des St.Galler Mönchs P. Gall Kemli, 15. Jht. |

*b) Frühneuzeitliche Handschriften*

| *Nr.* | *Hs.-Signatur* | *Kurztitel* |
|---|---|---|
| 18 | Ms. B 73 | Ausgabenbuch des St.Galler Abtes Otmar Kunz (1564–1577), 16. Jht. |
| 19 | Ms. B 96 | Glaubenslehren aus der Vita des Gallus, 17. Jht. |
| 20 | Ms. B 115 | Übersetzung von zwei französischen Texten Mabillons durch P. Hermann Schenk ins Lateinische, um 1700 |
| 21 | Ms. B 118 | Konvertitenliste der Fürstabtei St.Gallen 1640–1697 |
| 22 | Ms. B 124 | P. Chrysostomus Stipplin, Ius canonicum, 17. Jht. |
| 23 | Ms. B 131 | Ausgaben-Buch 1706 eines fürstäbtisch-sanktgallischen Beamten |
| 24 | Ms. B 134 | Wunder am Altar «Maria im Gatter» 1470-1520, Abschrift von 1608 |
| 25 | Ms. C 106 | Vorlesungen Vadians, geschrieben durch den St.Galler Münsterorganisten Fridolin Sicher 1523/24 |
| 26 | Ms. D 74 | Ermahnungen an die Fratres juniores im Kloster St.Gallen, 1633 |
| 27a | Ms. D 76 | Handschrift der Sammlung P. Ulrich Aichhaim, um 1670. Carmina |
| 27b | Ms. D 76a | Handschrift der Sammlung P. Ulrich Aichhaim, um 1670. De studiis |
| 27c | Ms. D 76b | Handschrift der Sammlung P. Ulrich Aichhaim, um 1670. Affixiones |
| 27d | Ms. D 76c | Handschrift der Sammlung P. Ulrich Aichhaim, um 1670. De studiis |
| 27e | Ms. D 77 | Handschrift der Sammlung P. Ulrich Aichhaim, um 1670. Versus heroici |
| 27f | Ms. D 77b | Handschrift der Sammlung P. Ulrich Aichhaim, um 1670. Carmina |
| 28 | Ms. D 147 | Lateinische Redeübungen von St.Galler Novizen, 1660/61 |
| 29 | Ms. D 155 | Lateinische Predigten eines St.Galler Mönchs 1674–1691 |
| 30 | Ms. D 199 | Lateinische Gedichte für den Augsburger Bischof Marquard von Berg, verfasst an der Universität Dillingen von St.Galler Mönchen 1577 |
| 31 | Ms. D 217 | Festschrift aus dem Kloster St.Gallen: Übersetzung des Marienpsalters ins Griechische, 1661 |
| 32 | Ms. D 219 | P. Chrysostomus Stipplin, Gedichte auf die Heiligen jeden Tages, ca. 1630 |
| 33 | Ms. D 221 | Lateinische Gedichte des St.Galler Mönchs Athanasius Gugger, um 1654 |
| 34 | Ms. D 227 | P. Gallus Schindler, Mönch des Klosters St.Gallen: Übersetzung der Regula Benedicti ins Griechische, 1660/67 |
| 35 | Karten-sammlung | Karte der Fürstabtei St.Gallen um 1700 mit Aufschrift «Ex Bibliotheca Abb. S. Galli» |

*Abbildungsnachweis*

Schweizerisches Landesmuseum Zürich: Umschlag, S. 2, 16, 17
Staatsarchiv des Kantons Zürich: S. 86
Stiftsbibliothek St.Gallen: alle übrigen Abbildungen